L'ART DE BÂTIR
✿ LES VILLES ✿

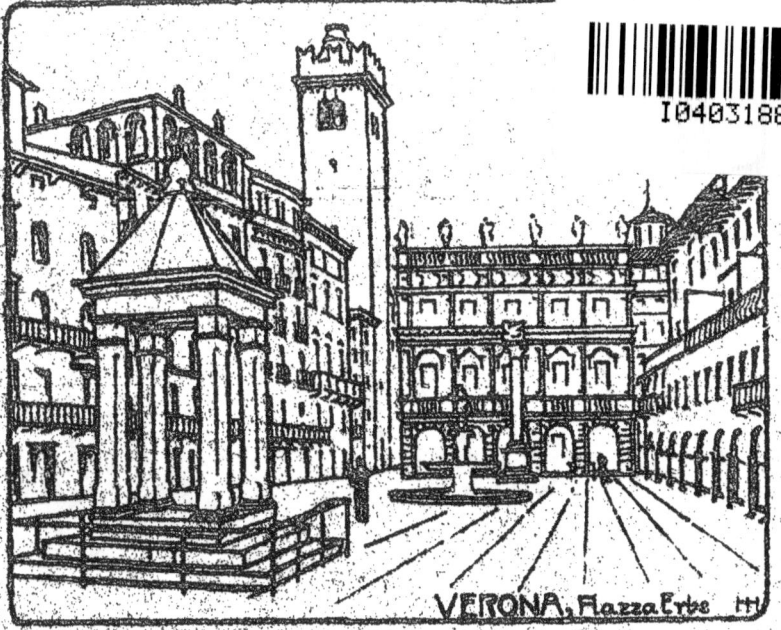

VERONA, PlazzaErbe

NOTES ET RÉFLEXIONS D'UN ARCHITECTE

PAR

CAMILLO SITTE

LIBRAIRIE RENOUARD
H. LAURENS, ÉDITEUR
Rue de Tournon, 6 — PARIS

GENÈVE
ÉDITION ATAR
Rue de la Dôle, 11

L'ART DE BATIR LES VILLES

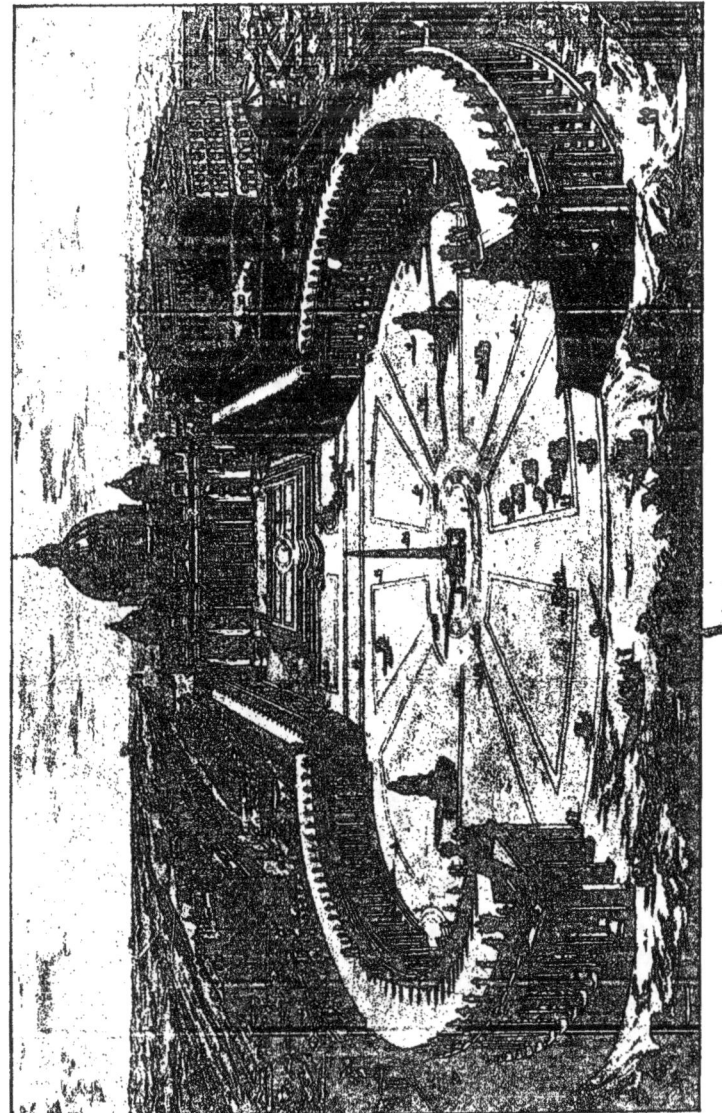

Place Saint-Pierre, à Rome (d'après Piranesi).

CAMILLO SITTE

L'ART DE BATIR

LES VILLES

NOTES ET RÉFLEXIONS D'UN ARCHITECTE

TRADUITES ET COMPLÉTÉES PAR

CAMILLE MARTIN

152714

Avec 17 dessins à la plume de
F. PUETZER, H. BERNOULLI et H. HINDERMANN
106 plans de villes et 1 planche hors texte

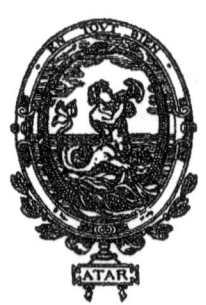

GENÈVE
ÉDITION ATAR
Corraterie, 12

PARIS
LIBRAIRIE RENOUARD
H. LAURENS, ÉDITEUR
Rue de Tournon, 6

AVANT-PROPOS

ORSQUE nous avons publié, en 1912, la première édition française de cet ouvrage, les
pays latins n'accordaient point encore à l'urbanisme l'attention que mérite cet art éminem-
ment social. Depuis lors la France, si riche en
grands ensembles urbains, s'est réveillée de son indifférence et
aujourd'hui, sous la pression des événements, les architectes.
les artistes et les édiles s'efforcent de faire revivre cet art.
trop longtemps négligé, de bâtir les villes. Au cours de
ces dernières années, de nombreuses publications ont mis
en lumière les différentes faces du problème qui préoccupe
chaque jour davantage les municipalités soucieuses de
l'avenir des cités confiées à leurs soins.

Bien que le présent ouvrage ait été rédigé avant cette
renaissance de l'urbanisme — puisqu'il en a été en quelque
sorte le point de départ — il a conservé aujourd'hui encore
toute sa valeur et tout son intérêt d'actualité. Ce n'est point
un traité systématique et complet, destiné aux seuls gens
du métier. Ce n'est point un manuel aride et précis à l'usage
des techniciens. C'est un livre écrit avec autant de verve
que d'enthousiasme, où tous ceux qui, de près ou de loin,

travaillent à l'avènement d'une cité meilleure, pourront puiser des enseignements ou des suggestions.

L'art de bâtir les villes *est le vigoureux plaidoyer d'un idéaliste en faveur d'une cause qui avait été trop longtemps rabaissée au niveau de préoccupations purement matérielles.*

Toutes nos villes peuvent s'enorgueillir de leur voirie, de leurs égouts, de leurs moyens de communication, de leurs installations électriques et de toutes les améliorations pratiques que la science moderne a apportées aux conditions de la vie en commun, elles ne peuvent cependant prétendre, dans la grande majorité des cas, à la dignité d'œuvres d'art. Elles sont des corps plus ou moins bien organisés, mais des corps sans âme.

En analysant la structure des cités anciennes et modernes, en étudiant leur formation, Sitte a remis en évidence les principes qui doivent diriger les bâtisseurs de villes de tous les temps. A la veille du jour où devront être reconstitués tant de foyers détruits, il importe d'écouter la voix de ceux qui veulent donner à la cité moderne, en plus du confort auquel nous sommes accoutumés, un cachet de beauté, d'ordre et d'harmonie.

Genève, janvier 1918

                                                    C. M.

PRÉFACE

E problème de l'extension des villes est un de
ceux qui préoccupent le plus l'époque contemporaine. A ce sujet, comme dans toutes
les questions actuelles, des avis souvent très
opposés se sont fait entendre. Si, en général, on
reconnut avec satisfaction les progrès accomplis en faveur de
l'hygiène, de la circulation et de la mise en valeur des
terrains, l'on n'a pu trop blâmer le manque complet de
sens artistique dont ont fait preuve les constructeurs de
villes modernes. Des édifices remarquables s'élèvent le
plus souvent au milieu de places mal conçues et dans le
voisinage de quartiers aussi mal dessinés. Il nous a paru
donc intéressant d'étudier l'ordonnance des places et des rues
des villes anciennes et de rechercher les causes de sa beauté.
Ces causes une fois reconnues, il sera possible d'établir
quelques règles d'art qui, intelligemment appliquées, ren-
dront peut-être à nos villes leur aspect caractéristique et
pittoresque d'autrefois.

Cet ouvrage ne prétend point être une histoire complète de la construction des villes, ni même une œuvre de polémique. Il offre simplement au praticien quelques exemples servant à illustrer les principes d'une nouvelle esthétique des villes.

Les plans de détail, dressés autant que possible à une échelle commune (dont le module est indiqué au bas de la table des illustrations), enrichiront la collection d'expériences et de règles du technicien et l'aideront à dessiner des quartiers nouveaux.

Les exemples ont été choisis à dessein en France, en Italie, en Autriche et en Allemagne, car l'auteur a pour principe de ne parler que des villes qu'il a vues et dont il a pu apprécier lui-même la valeur artistique, afin d'offrir au lecteur des données utiles et dignes de foi.

7 mai 1889.

C. SITTE

INTRODUCTION

CHACUN aime à revivre en rêve ses souvenirs de voyage. Des villes splendides, des places, des monuments, des paysages repassent ainsi devant nos yeux et nous jouissons une fois de plus des spectacles grandioses ou charmants que nous avons pu jadis contempler. Si nous pouvions nous arrêter encore à tel ou tel endroit d'une beauté qui ne rassasie jamais, nous supporterions d'un cœur léger plus d'une heure accablante et nous reprendrions le long combat de la vie avec des forces nouvelles. Assurément la gaîté imperturbable du méridional, sur les côtes helléniques comme en Italie, est avant tout un don du ciel. Mais les antiques villes de ces pays, faites à l'image de la belle nature, augmentent encore son influence douce et irré-sistible sur l'âme des hommes. Celui-là seul qui n'a jamais compris la beauté d'une cité antique, pourra con-tredire cette assertion. Qu'il aille, pour s'en convaincre, errer sur les ruines de Pompéi. Là, si après une journée de recherches patientes, il dirige ses pas à travers le forum dénudé, il sera entraîné malgré lui au sommet de l'escalier monumental, vers la terrasse du temple de Jupiter. Et, sur cette plate-forme, qui domine la place entière, il sentira monter à lui des flots d'harmonie, comme les sons purs et pleins d'une musique sublime. Sous cette impression, il comprendra bien la parole d'Aristote qui a résumé tous les principes de la construction des villes en cette sentence « Une ville doit être bâtie de façon à donner à ses habitants la sécurité et le bonheur. »

Pour atteindre ce but, il ne suffit pas de la science d'un technicien, il faut encore le talent d'un artiste. C'est ainsi qu'il en fut dans l'Antiquité, au Moyen âge et à la Renaissance, partout où les beaux arts étaient en honneur. C'est seulement dans notre siècle mathématique que la construction et l'extension des villes sont devenues des questions purement techniques. Il n'est donc peut-être pas hors de propos de rappeler une fois de plus que ces problèmes ont diverses faces et que celle qui a été considérée avec le moins d'attention de nos jours n'est peut-être pas la moins importante.

On voit donc quel est le but de cette étude. Ce n'est pas notre intention de rééditer des idées fort anciennes et souvent rebattues, ni de recommencer de nouvelles et stériles plaintes sur la banalité déjà proverbiale des rues modernes. Il est inutile de lancer ainsi des condamnations générales et de mettre une fois de plus au pilori tout ce qui a été fait de nos jours dans ces domaines. Un travail semblable, purement négatif, doit être abandonné au seul critique qui n'est jamais satisfait et qui ne sait que contredire. Ceux qui ont assez d'enthousiasme et de foi dans les bonnes causes, peuvent se convaincre que notre temps peut encore créer des œuvres de beauté et de bonté. Ce n'est donc ni en historien, ni en critique que nous examinerons les plans d'une série de villes. C'est en technicien et en artiste que nous voulons rechercher les procédés de leur composition, procédés qui ont produit jadis des effets si harmonieux et qui ne donnent aujourd'hui que des impressions décousues et ennuyeuses. Cet examen nous permettra peut-être de trouver au problème actuel de la construction des villes une solution qui devra satisfaire à trois conditions principales : Nous délivrer du système moderne des pâtés de maisons régulièrement alignés ; sauver autant que possible ce qui reste des cités anciennes et rapprocher nos créations actuelles toujours davantage de l'idéal des modèles antiques.

En nous plaçant à ce point de vue d'art pratique, nous serons amenés à considérer particulièrement les villes du Moyen âge et de la Renaissance. Il suffira de rappeler ce qui, dans les conceptions grecques et romaines, pourrait servir, soit à expliquer les créations des époques suivantes, soit à appuyer les idées que nous allons développer. Car depuis l'Antiquité les caractères principaux de l'architecture des villes ont bien changé.

Les places publiques (forum, marché, etc.) servent, de notre temps, aussi peu à de grandes fêtes populaires qu'à la vie de tous les jours. Leur seule raison d'être est de procurer plus d'air et de lumière et de rompre la monotonie des océans de maisons. Parfois aussi elles mettent en valeur un édifice monumental en dégageant ses façades. Quelle différence avec l'Antiquité ! Les places étaient alors une nécessité de premier ordre, car elles furent le théâtre des principales scènes de la vie publique, qui se passent aujourd'hui dans des salles fermées. C'est à ciel ouvert, sur l'agora, que le conseil des villes grecques (Mycènes, etc.), se réunissait.

La place du marché, qui était un deuxième centre de l'activité de nos ancêtres, a subsisté, il est vrai, jusqu'à nos jours. Mais elle tend de plus en plus à être remplacée par de vastes halles également fermées. Et combien d'autres scènes de la vie publique ont totalement disparu ? Les sacrifices devant les maisons des dieux, les jeux, les représentations théâtrales de toutes espèces. Les temples étaient même à peine couverts, et la partie principale des habitations, autour de laquelle se groupaient les chambres grandes et petites, consistait en une cour ouverte. En un mot la distinction entre la place et tous les édifices que nous venons d'énumérer était si minime, qu'elle étonne nos esprits modernes habitués à un état de choses très différent.

La lecture des écrivains de l'époque nous prouve que les anciens eux-mêmes avaient le sentiment de cette similitude. Ainsi Vitruve ne traite pas du forum en même temps que de l'emplacement des bâtiments publics ou de la disposition des rues (qui ne doivent pas être exposées au vent : histoire de Démocrate et du plan d'Alexandrie) mais il le fait rentrer dans le même chapitre que la basilique et, dans le même livre (l. V.), il étudie les théâtres, les palestres, les cirques et les thermes, c'est-à-dire tous les lieux de réunion à ciel ouvert constituant des œuvres architectoniques. Le forum antique répond exactement à cette définition, et c'est avec raison que Vitruve le place dans ce groupe. Cette parenté rapprochée du forum avec une salle de fêtes, dont l'architecture est rehaussée de statues et de peintures, ressort clairement de la description de l'écrivain latin et plus clairement encore de l'examen du forum de Pompéi. Vitruve écrit encore à ce sujet : « Les Grecs disposent leurs places de marché en forme de carré et les entourent de vastes colonnades dou-

Fig 1

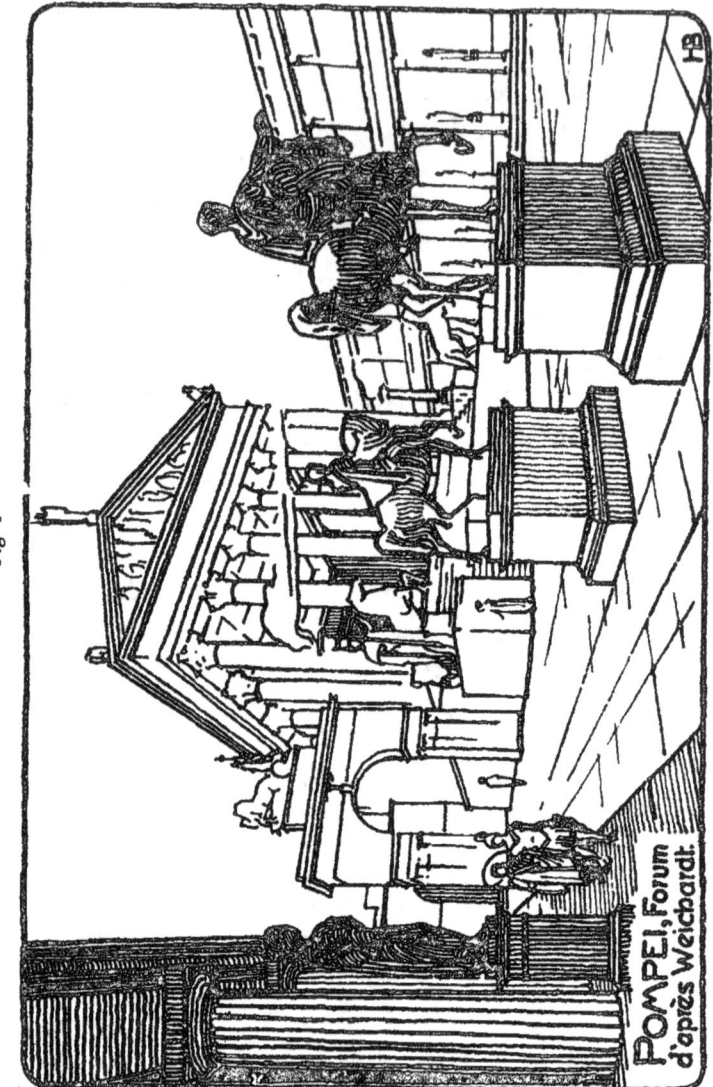

POMPEI, Forum
d'après Weichardt.

bles, supportant des corniches de pierre ou de marbre au-dessus desquelles courent des galeries. Dans les villes italiennes, le forum prend un autre aspect, car de temps immémorial il est le théâtre des combats de gladiateurs. Les colonnades doivent donc être moins touffues. Elles abritent des boutiques de changeurs et leurs étages supérieurs ont des saillies en forme de balcons qui, grâce a leur utilisation fréquente, procurent à l'Etat des revenus sans cesse croissants. »

Cette description montre bien l'analogie du théâtre avec le forum. Ce rapport paraît encore plus frappant lorsqu'on examine le plan du forum de Pompéi (fig. 1 et 2). La place est entourée de tous côtés de bâtiments publics. Seul, le temple de Jupiter s'élève sans voisins. Et la colonnade à deux étages qui entoure l'espace entier n'est interrompue que par le péristyle du temple des dieux lares faisant une plus grande saillie que les autres bâtiments. Le centre du forum reste libre, tandis que sa périphérie est occupée par de nombreux monuments dont les piédestaux couverts d'inscriptions sont encore visibles. Quelle impression grandiose devait produire cette place ! A notre point de vue moderne, son effet était semblable à celui d'une grande salle de concert sans plafond. Car le regard s'arrêtait de tous côtés sur des édifices qui ne ressemblaient en rien à nos rangées de maisons modernes, et les rues qui débouchaient directement sur la place étaient fort peu nombreuses. Derrière les bâtiments III, IV, V, arrivaient des voies qui n'aboutissaient pas jusqu'au forum. Les rues C, D, E, F, étaient fermées par des grilles, et même celles du côté nord passaient sous les portes monumentales A et B.

Le « forum romanum » est conçu selon les mêmes principes. Il est entouré, il est vrai, d'édifices plus variés, mais tous monumentaux. Les rues qui y débouchent, sont dispo-

sées de façon a ne point ouvrir trop souvent le cadre de la
place. Les monuments ne sont pas situés en son centre,
mais sur ses côtes. En un mot, le forum joue dans les

Fig. 2.

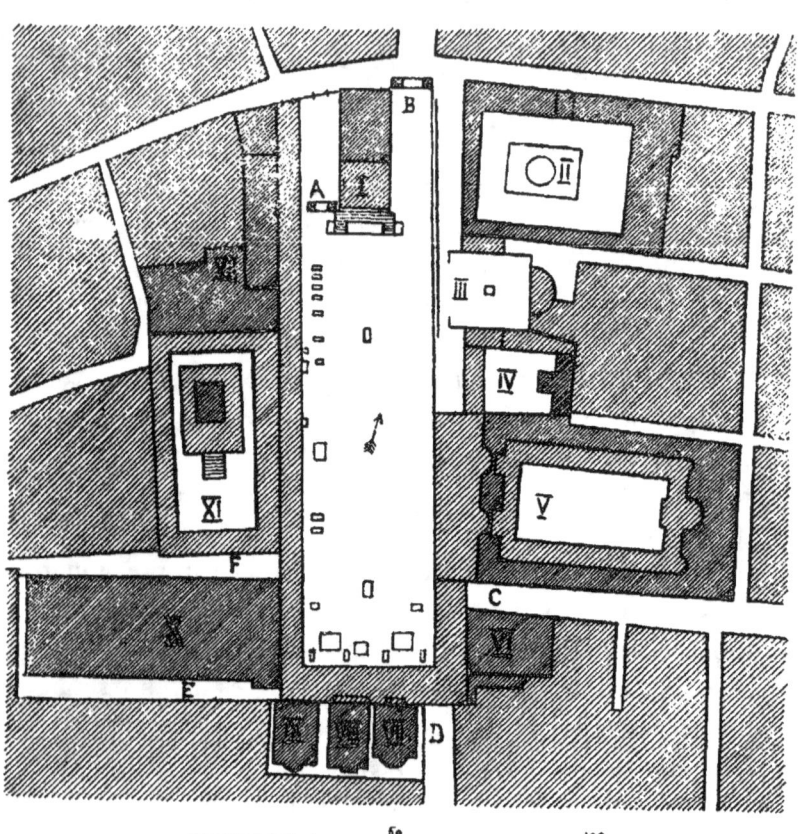

POMPEI. — Forum civile.

Légende :

I. Temple de Jupiter.
II. Macellum.
III. Temple des dieux lares.
IV. Temple de Vespasien.
V. Eumachia.
VI. Comitium.

VII. Duumvirs.
VIII. Conseil.
IX. Ediles.
X. Basilique.
XI. Temple d'Apollon.
XII. Halles de marché.

villes le rôle de l'atrium dans la maison. C'en est, pour
ainsi dire, la salle principale, aussi bien ordonnée que
richement meublée. Là, sont réunis en quantités immenses
les colonnes, les statues, les monuments et tout ce qui
peut contribuer à la splendeur du lieu. Le nombre de ces
trésors d'art se chiffrait parfois, dit-on, par centaines et
par milliers. Comme ils n'encombraient pas le milieu de
la place mais étaient toujours situés à sa périphérie, on
pouvait les embrasser d'un seul coup d'œil et ce spectacle
devait être très imposant. Cette concentration des chefs-
d'œuvre plastiques et architecturaux en un seul point était
une idée de génie. Aristote l'avait déjà émise. Il voulait
voir les temples des dieux et les bâtiments de l'Etat réunis
en un même endroit. Pausanias écrivait de même : « Une
ville n'est pas digne de ce nom qui n'a ni édifices publics,
ni places. »

La place du marché d'Athènes est disposée dans ses
grandes lignes selon les mêmes règles, autant qu'on peut
en juger d'après les projets de restauration. Les villes
consacrées de l'antiquité hellénique (Olympe, Delphes,
Eleusis), en sont une application plus grandiose encore.
Les chefs-d'œuvre de l'architecture, de la peinture et de la
sculpture s'y trouvent réunis en un tout imposant et
superbe, qui peut rivaliser avec les plus puissantes tragédies
et les symphonies les plus grandioses. L'Acropole d'Athènes
est la création la plus achevée de ce genre. Un plateau
élevé, entouré de hautes murailles, en est la base. La
porte d'entrée inférieure, l'énorme escalier, les admira-
bles Propylées, sont la première phrase de cette sympho-
nie de marbre, d'or et d'ivoire, de bronze et de couleur.
Les temples et les monuments de l'intérieur sont les
mythes de pierre du peuple grec. La poésie et la pensée les plus élevées y sont incarnées. C'est en vérité le

centre d'une ville considérable, l'expression des sentiments d'un grand peuple. Ce n'est plus un simple quartier, au sens ordinaire du terme, c'est l'œuvre des siècles parvenue à la maturité de la pure œuvre d'art.

Il est impossible de se fixer un but plus élevé dans ce genre, et il est difficile d'imiter avec bonheur cet exemple splendide; mais ce modèle devrait toujours rester devant nos yeux dans toutes nos entreprises, comme l'idéal le plus sublime à atteindre. Dans la suite de notre étude, nous verrons que les principes qui ont inspiré de telles constructions ne sont pas entièrement perdus, mais qu'ils se sont conservés jusqu'à nous.

DES RAPPORTS
ENTRE LES ÉDIFICES, LES MONUMENTS
ET LES PLACES

AU sud de l'Europe, et surtout en Italie, où les anciennes villes et les anciennes mœurs publiques se sont conservées longtemps (parfois même jusqu'à ce jour), les places sont encore assez conformes au type du forum antique. Elles ont gardé leur rôle dans la vie publique et leurs rapports naturels avec les bâtiments qui les entourent sont encore aisés à discerner. La distinction entre le forum ou agora et la place du marché subsiste aussi. On retrouve de même la tendance à concentrer en un point les édifices remarquables et à orner ce centre de la vie commune de fontaines, de monuments et de statues, qui pouvaient rappeler des souvenirs historiques et qui, au Moyen âge et à la Renaissance, faisaient la gloire et la joie de chaque ville. C'est là que la circulation était la plus intense, que se célébraient les fêtes publiques, les représentations. C'est là que les cérémonies officielles étaient accomplies, les lois promulguées. En Italie, selon les cas, deux ou trois places servent à ces buts pratiques, rarement une. L'existence de deux pouvoirs, temporel et spirituel, exige deux centres distincts : L'un, la *place de la cathédrale* (fig. 4 et 5), dominée, en outre, par le campanile, le baptistère et par le palais de l'évêque ; l'autre, la *Signoria*, ou place seigneuriale, qui est pour ainsi dire le vestibule de la demeure princière. Elle est entourée des maisons des grands du pays et ornée de monuments. On y voit parfois une loggia servant de corps de garde ou une terrasse du haut de laquelle étaient promulgués les lois et les avis publics. La Signoria de Florence (fig. 3 et 25) en est le plus bel exemple. La *place du Marché* ou place communale (fig. 6 et 7), qui fait rarement défaut, même dans les villes du nord de l'Europe, est le rendez-vous des bourgeois. C'est là que s'élève l'hôtel de ville et la traditionnelle fontaine plus ou moins richement décorée, seul vestige du passé que nous ayons conservé, même lorsque le va-et-vient animé des marchands et des acheteurs s'est transporté dans les cages en fer et en verre des halles.

On ne peut donc mettre en doute le rôle joué par les places dans la vie publique d'autrefois. L'époque de la Renaissance a vu naître aussi des chefs-d'œuvre dans le genre de l'Acropole d'Athènes, où tout concourt à produire un effet artistique achevé. La piazza del Duomo, à Pise (fig. 4 et 5) en est la preuve. Elle renferme tout ce que les bourgeois de la ville ont pu créer en fait d'édifices religieux d'une richesse et d'une grandeur sans pareilles. Le splendide Dôme, le Campanile, le Baptistère, l'incomparable Campo-Santo, ne sont déparés par aucun voisinage profane ou banal. L'effet produit par une telle place, séparée du monde et pourtant riche des plus nobles œuvres de l'esprit humain est considérable. Ceux-là même dont le sens artistique est

Fig. 3.

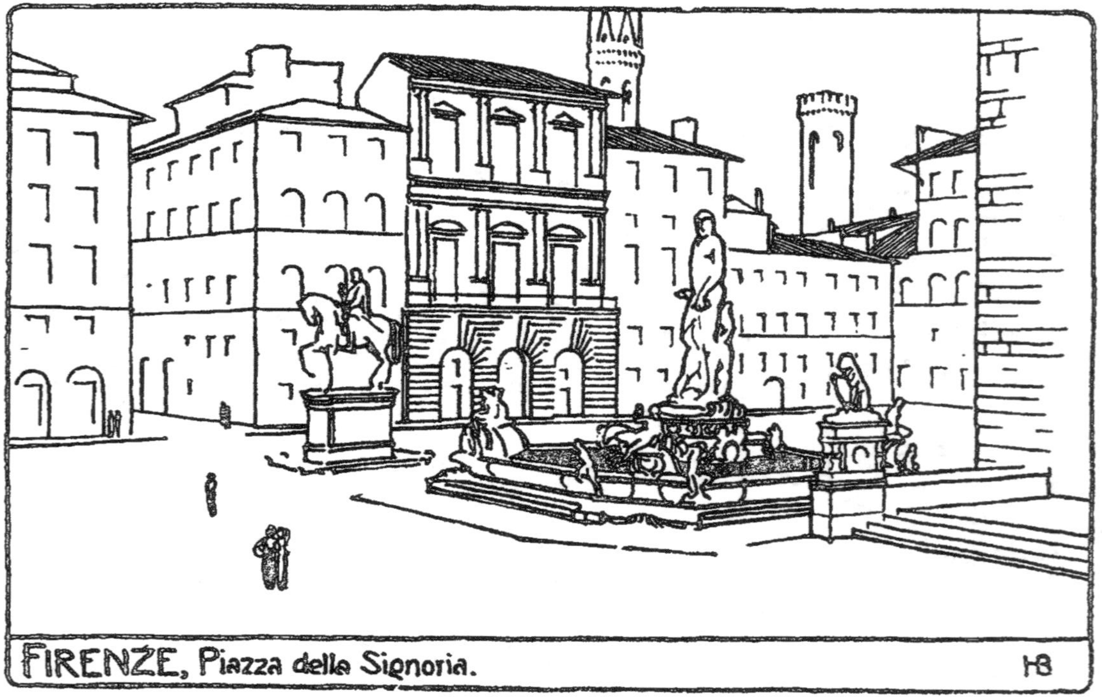

FIRENZE, Piazza della Signoria.

peu développé, ne peuvent se soustraire à la puissance de cette impression. Il n'y a là rien qui distraie nos pensées et qui nous rappelle la vie de tous les jours. Les jouissances artistiques de celui qui contemple la noble façade du Dôme ne sont point gâtées par la vue d'une boutique moderne de tailleur, par les cris des cochers et des portefaix ou par le vacarme d'un café. Là, règne la paix. On peut ainsi con-

Fig. 4.

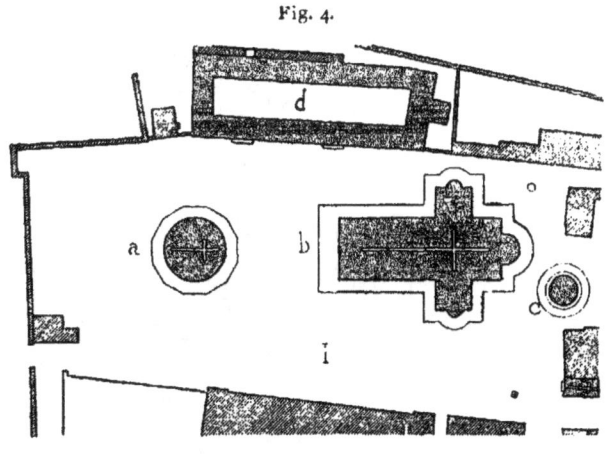

PISE, Place du Dôme.

a Saint-Jean.   *b* Dôme.   *c.* Campanile.   *d.* Campo santo.

centrer son attention pour jouir pleinement des œuvres d'art entassées à cet endroit.

Cette situation est presque unique en son genre, et n'est égalée que de loin par celle de Saint-François d'Assise et de la Certosa de Pavie. En général, l'époque moderne ne facilite pas la formation d'ensembles si parfaits; elle préfère les contrastes, en sorte que les types anciens des places du Dôme, de la Signoria et du Marché se transforment en tous les groupements imaginables. Les villes, même dans la patrie de l'art, subissent le sort des palais et des habita-

Fig. 5.

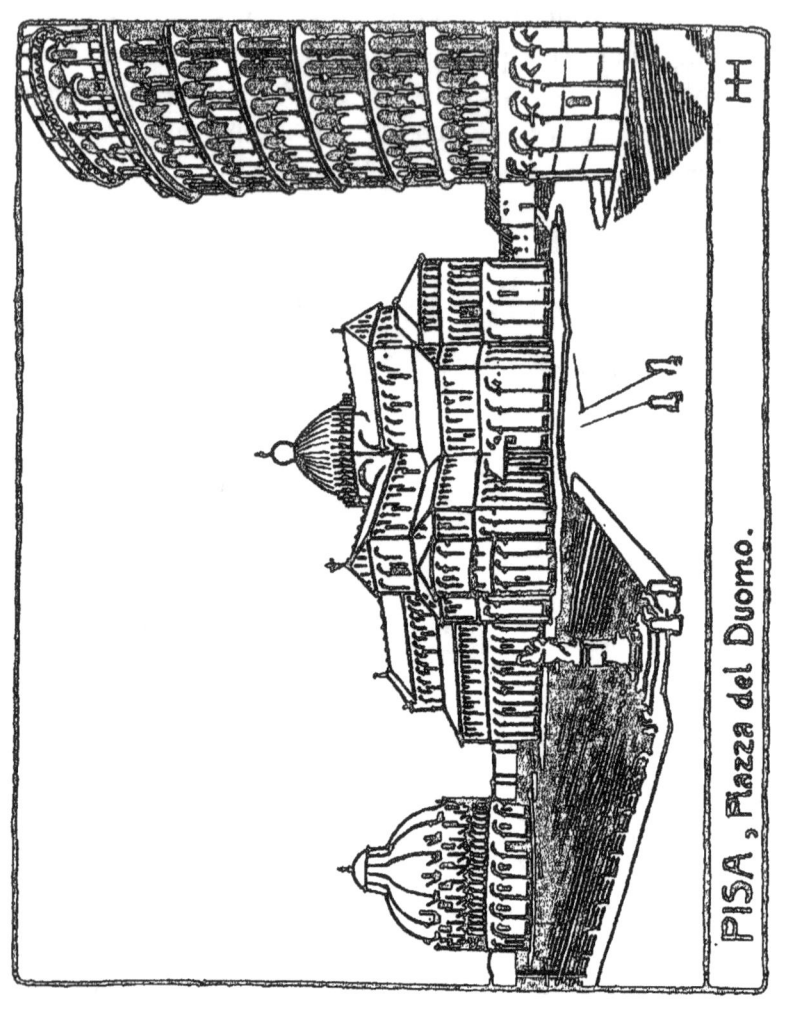

PISA, Piazza del Duomo.

tions. Elles n'ont plus de caractères définis ; elles offrent un mélange de motifs empruntés aussi bien à l'architecture du Nord qu'à celle du Midi. Les idées et les goûts se sont échangés à mesure que les peuples eux-mêmes se sont mélangés. Les caractéristiques locales se sont perdues de plus en plus. Seule, la place du marché avec son hôtel de ville et sa fontaine est parfois restée intacte.

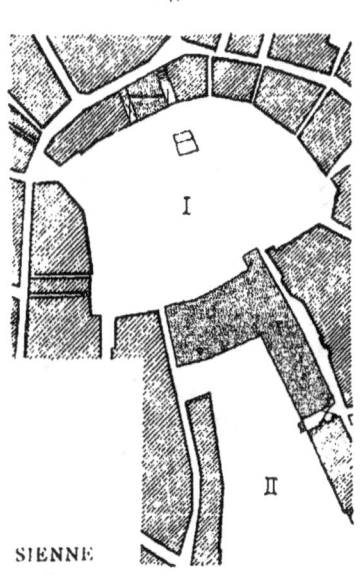

Fig. 6.

SIENNE.

I. Piazza Vittorio Emanuele
II. Mercato Vecchio.

Qu'on nous permette en passant une remarque. Notre intention n'est point de recommander l'imitation stérile des beautés dites pittoresques des anciennes villes pour les besoins actuels. Le proverbe : « La nécessité brise même le fer » est juste aussi dans ce cas. Les transformations que l'hygiène ou d'autres causes ont rendues indispensables, doivent être exécutées, le pittoresque dût-il même en souffrir. Mais cela ne peut nous empêcher d'examiner de près les œuvres de nos pères et de rechercher jusqu'à quel point il est possible de les adapter aux circonstances modernes. Ainsi seulement nous pourrons résoudre la partie artistique du problème actuel de la construction des villes et discerner ce que nous pouvons encore sauver de l'héritage de nos ancêtres.

Avant de trancher la question d'une manière définitive, constatons et posons en principe qu'au Moyen âge et à la Renaissance, les places étaient utilisées souvent dans des buts

Fig 7.

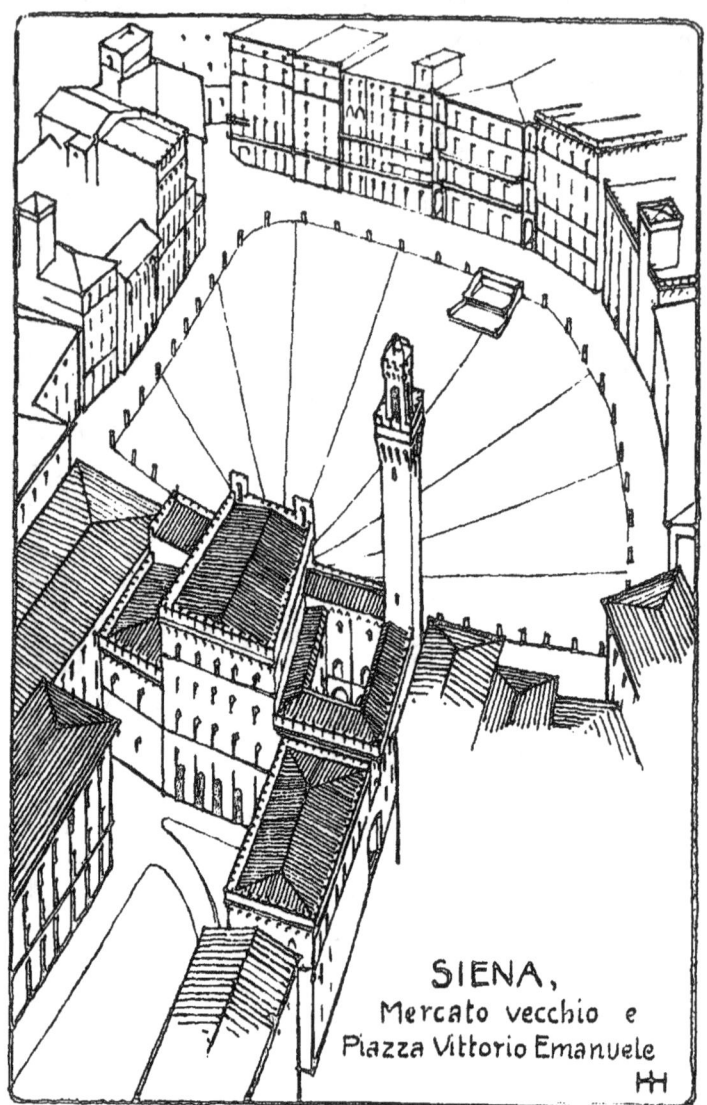

SIENA,
Mercato vecchio e
Piazza Vittorio Emanuele

pratiques et qu'elles formaient un tout avec les édifices dont elles étaient entourées. Aujourd'hui, elles servent tout au plus de lieu de stationnement aux voitures et n'ont aucun rapport avec les maisons qui les dominent. Les palais de nos Parlements n'ont point d'agora entouré de colonnades ; nos universités et nos cathédrales ont perdu leur atmosphère de paix ; une foule agitée ne circule plus, aux jours de marché, devant nos hôtels de ville ; en un mot, l'animation fait défaut précisément aux endroits où, dans l'antiquité, elle était la plus intense, près des édifices publics. Nous avons donc en grande partie perdu ce qui contribuait à la splendeur des places anciennes.

Et ce qui constituait leur splendeur même, les statues innombrables, nous font aujourd'hui presque entièrement défaut. Qu'avons-nous à comparer à la richesse des anciens forums et aux œuvres de grand style telles que la Signoria de Florence et sa loggia dei Lanzi ?

Vienne a vu fleurir, il y a quelques années, une école de sculpture remarquable. Les œuvres de valeur qu'elle a produites ne sont certes pas à dédaigner. Sauf quelques exceptions, elles n'enrichissent pas les places publiques, mais les édifices. Que de statues ornent les deux musées, le palais du Parlement, les deux théâtres de la Cour, l'Hôtel de Ville, la nouvelle Université, l'Eglise votive. Qui pense aux places publiques ? Personne. Et cela non seulement à Vienne, mais un peu partout.

Tandis que les édifices réclament tant de statues, qu'on doit nommer des commissions pour rechercher de nouveaux sujets à représenter, il faut souvent attendre des années avant de trouver une place apte à recevoir une statue. Et cependant combien d'entre elles sont vides. Cela est certainement étrange. Après de longs essais, on doit renoncer aux places modernes aussi gigantesques que désertes et le monument sans asile vient échouer sur une petite et antique place. Voilà qui est encore plus étrange et cependant vrai. Après des tâtonnements, l'on arrive toujours, et fort heureusement, au même résultat. Car ainsi l'œuvre d'art prend toute sa valeur et produit une impression plus considérable. Tout artiste qui, par indifférence, néglige de prévoir de tels effets, en doit supporter toute la responsabilité.

L'histoire du David de Michel-Ange, à Florence, nous montre les fautes qui se commettent de nos jours à cet égard. Cette gigantesque statue de marbre s'élevait auprès des murs du palais Vecchio, à gauche de son entrée principale, à l'endroit même choisi par Michel-Ange. Qu'aucune commission moderne n'eût approuvé cet emplacement, cela est certain. L'idée d'élever une statue dans ce lieu de peu d'apparence aurait paru à chacun plaisante sinon insensée. Michel-Ange choisit cependant cet emplacement en connaissance de cause. Car tous ceux qui ont vu le chef-d'œuvre à cet endroit, témoignent de l'impression extraordinaire qu'il produisait. Contrastant avec l'exiguïté relative de la place et facile à comparer à la grandeur humaine, l'énorme statue semblait croître encore dans ses dimensions. Les bossages sombres et uniformes, mais pourtant puissants, du palais, constituaient un fond tel qu'on n'en pouvait souhaiter de meilleur afin de faire ressortir toutes les lignes du corps. Aujourd'hui le David a été transporté dans une salle de l'Académie, sous une coupole de verre faite exprès, au milieu de reproductions en plâtre, de photographies et de gravures. Il sert de modèle d'étude et d'objet de recherches pour les historiens et les critiques. Il faut maintenant une préparation spéciale de l'esprit pour résister aux influences morbides d'une prison de l'art nommée musée, et pour pouvoir jouir de l'œuvre imposante. En outre, l'esprit du

temps, qui croyait perfectionner l'art et qui n'était point
encore satisfait de cette innovation, fit couler en bronze le
David de la grandeur de l'original, et l'éleva sur une vaste
place (naturellement en son centre mathématique), hors de
Florence, à la via dei Colli. Il a devant lui un horizon
superbe ; derrière lui des cafés, d'un côté une station de
voitures, un corso, et de toutes parts montent à lui les mur-
mures des lecteurs de Bædecker. A cet endroit, la statue ne
produit aucun effet et l'on entend souvent émettre l'opinion
que ses dimensions ne dépassent pas celles de la statue
humaine. Michel-Ange avait donc mieux compris quel emplacement convenait à son œuvre, et, en général, les anciens
étaient plus compétents que nous en ces matières.

La différence fondamentale entre les procédés de jadis
et ceux d'aujourd'hui consiste dans le fait que nous recher-
chons toujours les plus grandes places possibles pour chaque
statuette. Ainsi nous diminuons l'effet que celle-ci pourrait
produire au lieu de l'augmenter à l'aide d'un fond neutre,
tel qu'en emploient les peintres dans leurs portraits.

Ceci nous explique pourquoi les anciens élevaient leurs
monuments sur les côtés des places, ainsi que nous le montre
la vue de la Signoria de Florence (fig. 3). De cette façon, le
nombre des statues pouvait augmenter sans cesse sans jamais
entraver la circulation, et chacune d'elles avait un arrière-plan
propice. Nous tenons au contraire le milieu d'une place
comme le seul lieu digne de recevoir un monument. Ainsi
toute esplanade, malgré sa grandeur, n'en peut recevoir
qu'un seul. Si par malheur elle est irrégulière et si son
centre ne se laisse pas déterminer géométriquement, nous
ne savons que devenir et nous laissons cet espace vide pour
l'éternité.

II

LE CENTRE DES PLACES EST DÉGAGÉ

IL est instructif d'étudier la manière dont les anciens ont placé leurs fontaines et leurs monuments et de voir comment ils ont toujours su utiliser les circonstances qui leur étaient données. Les principes d'art de l'Antiquité ont été appliqués de nouveau au Moyen âge, quoique avec un peu moins d'évidence. Il faut être aveugle pour ne pas remarquer que les Romains ont laissé libre le milieu de leur forum. Même dans Vitruve, on peut lire que le centre d'une place n'est pas destiné aux statues, mais aux gladiateurs. Aux époques suivantes, cette question réclame une étude plus attentive. Au Moyen âge, le choix de l'emplacement des fontaines et des statues semble, dans beaucoup de cas, défier toute définition ; les situations les plus étranges ont été adoptées. Il faut toutefois reconnaître que, comme pour le David de Michel-Ange, ce choix était guidé par un sentiment très fin de l'art, car la statue s'harmonisait tou-

jours admirablement avec son entourage. Nous nous trouvons donc en face d'une énigme, l'énigme du sentiment
artistique naturel qui, chez les vieux maîtres, opérait des
miracles sans l'aide d'aucun règlement esthétique. Les techniciens modernes qui leur ont succédé, armés d'équerres et
de compas, ont prétendu résoudre les fines questions de
goût avec de la grosse géométrie.

Il nous est parfois possible d'entrevoir les procédés des
créations de nos pères, et de trouver des mots pour expliquer les motifs des heureux effets qu'ils ont obtenus. Mais
un exemple étant toujours très différent d'un autre, il
paraît difficile de tirer des faits une loi générale. Nous
voulons cependant essayer de voir clair dans cette confusion apparente, car nous avons certainement perdu, et
pour longtemps, tout sentiment naturel, et nous ne pouvons plus arriver inconsciemment à de bons résultats. Si
nous voulons donc retrouver la liberté d'invention des
anciens maîtres et réagir contre les règles géométriques
et inflexibles de leurs successeurs, il nous faut suivre par
réflexion les chemins où nos pères ont marché par instinct, aux époques où le respect de l'art était une tradition.

Le sujet de ce chapitre paraît étroitement limité ; il est
cependant difficile de l'embrasser tout entier en quelques
mots. Une comparaison tirée de la vie usuelle (qui ne cho-
quera, espérons-le, personne par sa trivialité apparente)
remplacera avec avantage une définition compliquée.

Il est remarquable combien les enfants, dessinant sans
autre guide que leur instinct artistique, arrivent souvent
aux mêmes résultats que les peuples primitifs dans leurs
productions grossières. Personne, j'en suis sûr, ne se dou-
tait qu'un de leurs jeux favoris pourrait nous enseigner l'art
de bien placer les monuments. En effet, les bonshommes

de neige dont ils s'amusent chaque hiver, sont situés exactement de la même façon que les fontaines et les monuments
selon les méthodes antiques. Comment cela se fait-
il ? C'est bien simple. Qu'on se représente la place d'un
bourg de campagne couverte de neige. Çà et là sont
tracés des chemins qui sont les voies naturelles de communication ; ils laissent entre eux des carrés intacts irré-
gulièrement situés, sur lesquels, s'élèvent ces bonshommes,
car c'est là qu'on a trouvé la matière dont ils sont
formés.

C'est en de tels points, semblablement écartés de la circulation, que les anciennes communautés érigeaient leurs
fontaines et leurs monuments. En considérant de vieilles
estampes, on remarque qu'autrefois les places n'étaient pas
pavées, ni même aplanies, mais qu'elles étaient sillonnées
de chemins et de rigoles, comme on le voit encore
aujourd'hui dans certains villages. Voulait-on construire
une fontaine, il est évident qu'on ne la plaçait pas sur les
voies de passage, mais sur un de ces sortes d'îlots épargnés
par la circulation. Quand, avec l'accroissement de ses
richesses, la communauté s'agrandissait peu à peu, elle faisait aplanir et paver les places, cependant la fontaine ne
changeait pas de position. Voulait-on la remplacer par une
construction de même nature, mais plus riche, celle-ci
s'élevait de nouveau au même endroit. Ainsi chacun de ces
emplacements avait son importance et son histoire, et l'on
comprend maintenant pourquoi les fontaines et les monuments ne sont pas situés aux points où la circulation est la
plus intense, ni au centre des places, ni dans l'axe de quelque porte monumentale, mais de préférence à l'écart, et
cela même dans les pays du Nord où les traditions lati-
nes n'ont pas exercé d'influence directe. On comprend
aussi pourquoi, dans chaque ville et sur chaque place, la

disposition des monuments est toujours différente, car
dans chaque cas les rues débouchent autrement, la circulation suit une autre direction et laisse d'autres points morts; en un mot, le développement historique de la place varie selon la localité. Il arrive parfois que le centre d'une place soit choisi pour y installer une statue, mais cet usage préféré des architectes modernes, n'a jamais été érigé en principe par les anciens. Ils ne se préoccupaient pas à l'excès de la symétrie, car leurs fontaines s'élevaient le plus souvent non loin de l'angle d'une place, là où débouchait la rue principale et où venaient autrefois s'abreuver les animaux de trait. La belle fontaine de Nuremberg en est un exemple célèbre (fig. 8). De même, dans un genre un peu différent, la fontaine de Rothenbourg sur la Tauber.

En Italie, devant le Palazzo Vecchio, sur la Signoria de Florence (fig. 3 et 25), devant le Palazzo communale, à Pérouse (fig. 43), devant le Palazzo Farnese à Rome, des fontaines s'élèvent au bord de la rue et

Fig 8.

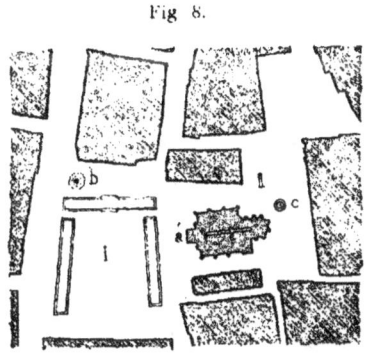

NUREMBERG

I. Place du Marché. Marché aux fruits.
   a. Eglise Notre-Dame.
   b. Belle Fontaine.
   c. Fontaine du gardeur d'oies.

Fig 9.

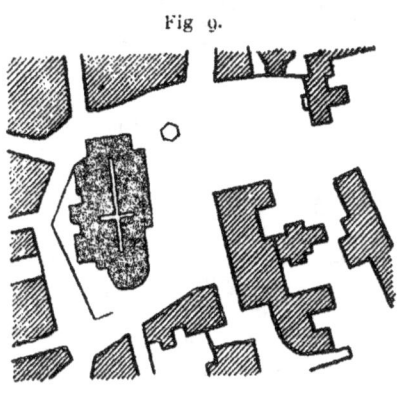

AUTUN
Place Saint-Louis et fontaine Saint-Lazare

non pas dans l'axe des palais ou de la place. De même en France, la fontaine Saint-Lazare à Autun (fig. 9) et la fontaine des Innocents à Paris, qui, avant 1786, au lieu de se dresser au milieu d'une place, occupait l'angle formé par la rue aux Fers et la rue Saint-Denis.

La situation de la statue équestre de Gattamelata, de Donatello (fig. 10), devant Saint-Antoine de Padoue, est des plus instructive. Si l'on constate d'abord avec étonne-ment combien elle dif-fère de celles que préco-nisent nos systèmes mo-dernes invariables, on ne tarde pas à être bientôt frappé de l'effet grandiose que produit le monument à cet endroit et l'on finit par se convaincre que, transporté au milieu de la place, il ferait une im-pression bien moins con-sidérable. Une fois fami-liarisé avec cette idée, on ne s'étonne plus de son orientation ni des autres originalités de sa situation.

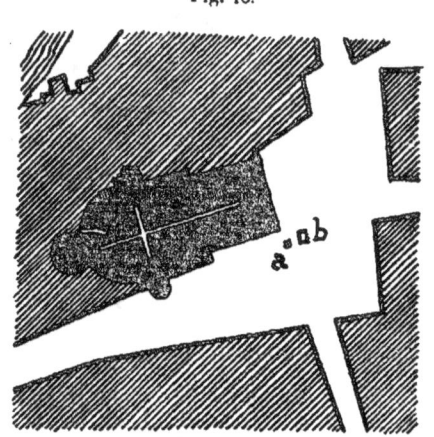

Fig. 10.

PADOUE. Piazza del Santo.
a Colonne.   *b*. Statue de Gattamelata.

Ainsi, à la règle antique qui dit de situer les monuments sur les côtés des places, vient s'ajouter le principe admis au Moyen âge, surtout dans les villes du Nord, selon lequel les monuments et les fontaines s'élèvent aux points morts de la circulation. Les deux systèmes sont observés parfois simultanément. L'un et l'autre évitent les mêmes écueils et cherchent à obtenir des effets artistiques achevés. Il arrive souvent que les besoins pratiques et les exigences de l'art se confondent et c'est bien compréhensible, car ce qui entrave la circulation est souvent aussi un obstacle à la vue. On doit donc éviter de placer un monument dans l'axe d'édifices ou de portes richement décorées,

Fig 11.

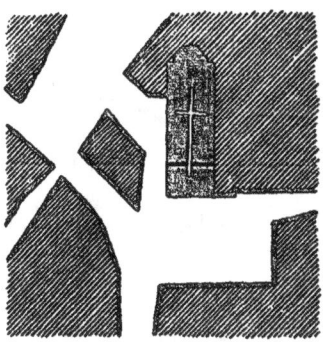

PADOUE. Piazza Petrarca.

car il cacherait à l'œil des architectures remarquables et réciproquement un fond trop riche et trop mouvementé ne serait pas un arrière-plan favorable pour un monument. Les anciens Égyptiens avaient déjà connu ce principe; car de même que Gattamelata et la petite colonne s'élèvent à côté de l'entrée du dôme de Padoue, les obélisques et les statues des Pharaons se dressaient à côté des portes des temples. Voilà tout le secret que nous refusons aujourd'hui de déchiffrer.

La règle que nous venons de déduire ne s'applique pas seulement aux monuments et aux fontaines, mais à toute

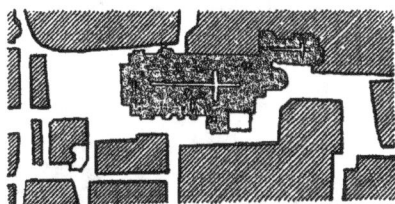

Fig 12.

VÉRONE. Piazza del Duomo.

espèce de constructions, et en particulier aux églises. Celles-ci, qui occupent de nos jours presque sans exception le milieu des places, ne se rencontraient autrefois jamais en cet endroit. En Italie, les églises sont toujours adossées d'un ou de plusieurs côtés à d'autres bâtiments et forment avec ceux-ci des groupes de places que nous allons maintenant étudier.

Les églises de Padoue sont à ce point de vue pour ainsi dire classiques. San Giustina n'est adossée que d'un seul

côté à d'autres édifices ; San Antonio (fig. 10) et del Car-
mine (fig. 11) de deux, l'église des Jésuites d'un côté et
demi. Les places avoisinantes
sont très irrégulières.

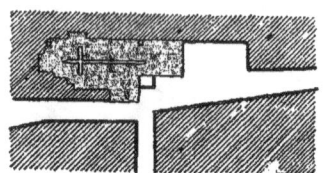

Fig. 13.

Il en est de même à Vérone,
où l'on remarque en outre une
tendance à ménager devant
l'entrée principale de l'église
une place de grandes dimensions ; ainsi devant le Dôme

VÉRONE. S. Fermo Maggiore.

(fig. 12) ; S. Fermo Maggiore (fig. 13), S. Anastasia (fig. 14)
et d'autres encore. Ces places ont chacune leur histoire
et produisent une vive im-
pression. Les façades et les
portails des églises qui les dominent prennent aussi toute
leur valeur.

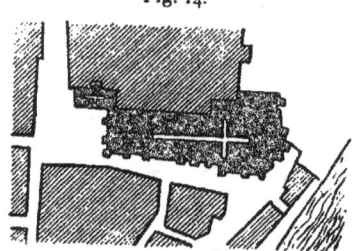

Fig. 14.

Il est plus rare de rencontrer une place qui s'étende à
côté d'une église, comme à
Palerme, S. Cita (fig. 15).

VÉRONE. S. Anastasia.

Ces quelques exemples, contrastant d'une manière frappante avec les coutumes modernes, sont assez probants
pour nous engager à étudier cette question
de plus près encore.

Fig. 15.

Aucune ville ne se prête mieux à cet examen que Rome, avec ses innombrables édifices religieux. Si l'on en fait le recensement,
au point de vue de leur situation, on arrive
à un résultat surprenant. Car de 255 églises :

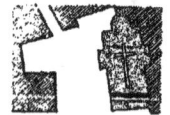

PALERME
S. Cita.

41 sont adossées d'un seul côté à d'autres
édifices ; 96 sont adossées de deux côtés à d'autres édifices ;
110 sont adossées de trois côtés à d'autres édifices ; 2 sont

adossées de quatre côtés à d'autres édifices, et 6 seulement sont entièrement dégagées.

Il faut même remarquer que parmi les six dernières se

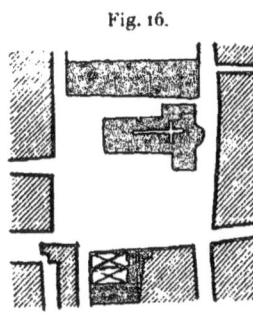

Fig. 16.

LUCQUES. S. Michel.

trouvent précisément deux édifices modernes : les chapelles protestante et anglicane et que les quatre autres sont entourées de rues étroites selon le type de la fig. 16. Celui-ci est également contraire à l'usage moderne suivant lequel le centre de la place coïnciderait avec le centre de l'église. On peut donc hardiment conclure qu'à Rome les églises n'ont jamais

été entièrement dégagées, et l'on peut même étendre ce principe à toute l'Italie. Car il est appliqué aussi bien à Pavie qu'à Vicence (où seul le Dôme (fig. 17), est dégagé de tous les côtés), Crémone, Milan (à l'exception du Dôme),

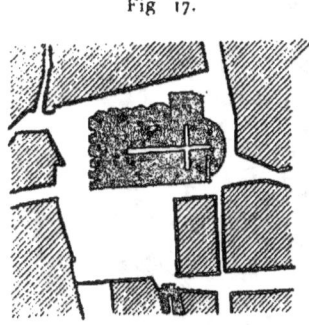

Fig 17.

VICENCE. Piazza del Duomo.

Reggio (y compris le Dôme), Ferrare et bien d'autres endroits encore. Le type que montrent les fig. 16 à 18 nous rappelle les règles que nous avons déduites au sujet de l'emplacement des monuments. Il est encore bien plus avantageux pour les édifices d'être situés sur les côtés d'une place de moyenne grandeur, car ainsi seulement ils sont bien mis en valeur

et peuvent être considérés à une distance convenable.

Le cas du Dôme de Brescia (fig. 19) est tout à fait particulier, mais n'est point une exception à la règle, car la façade du Dôme ferme l'enceinte de la place. Il ressort clairement de toutes ces observations que nos systèmes modernes sont en opposition directe avec les lois fixes qui ont été autrefois consciemment observées.

Nous n'admettons pas la possibilité de placer une nouvelle église ailleurs qu'au centre de l'espace qui lui est destiné afin qu'elle soit dégagée de tous les côtés. Cette manière de faire n'a pourtant que des inconvénients et pas un seul avantage. Elle est très défavorable à l'édifice lui-même, car l'effet qu'il pourrait produire n'est concentré nulle

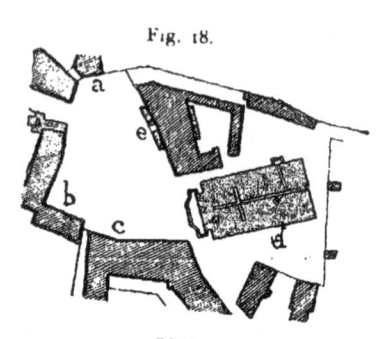

Fig. 18.

PISE

a. Tour de la Faim. b. Palazzo Vecchio.
c. Palazzo del Podesta.
d. S. Stefano   e. Palazzo dei Anziani.

part, mais est éparpillé uniformément sur tout son pourtour. En outre, tout rapport organique entre la place et son entourage est rendu impossible, ainsi que tout effet de perspective qui ne s'obtiendrait que grâce à un recul suffisant. Il faut à la cathédrale une scène au fond de laquelle sa façade s'élève dans toute sa majesté.

La position de l'église au milieu de la place ne peut pas même être défendue au nom de l'intérêt

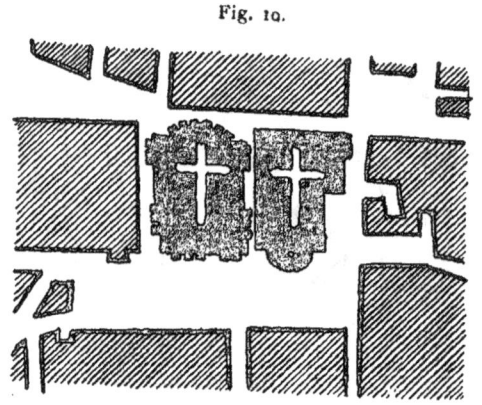

Fig. 19.

BRESCIA. Piazza del Duomo

du constructeur, car elle l'oblige à mener à grands frais autour de ses longues façades tous les membres d'architecture, les corniches, les socles, etc. En adossant l'édifice d'un ou de deux côtés à d'autres bâtiments, l'architecte épargnerait toutes ces dépenses, les façades dégagées pourraient être bâties en marbre du haut en bas et il resterait encore des fonds suffisants pour les enrichir de statues. Ainsi nous n'aurions plus ces profils monotones courant à l'infini autour de l'édifice et dont il est même impossible d'admirer la perfection d'un seul coup d'œil. De plus, n'est-il pas souvent avantageux qu'une église puisse communiquer avec d'autres bâtiments (cloîtres ou presbytères) en hiver et par le mauvais temps? D'ailleurs ce n'est pas seulement l'édifice, mais la place qui souffre de l'ordonnance moderne, cette place qui ne porte plus ce nom que par ironie, car elle n'est le plus souvent qu'une rue légèrement élargie.

Malgré tous ces inconvénients et malgré tous les enseignements de l'histoire de l'architecture ecclésiastique, les églises modernes du monde entier s'élèvent presque sans exception au centre des places. C'est à faire croire que nous avons perdu tout discernement.

Les théâtres et les hôtels de ville et bien d'autres édifices sont aussi victimes de cette conception erronée. Croit-on peut-être qu'il est possible de voir un bâtiment de tous les côtés à la fois ou estime-t-on qu'une construction remarquable soit spécialement honorée si son pourtour est entièrement dégagé? Personne n'imagine qu'en faisant ainsi le vide autour d'un édifice, on l'empêche de former avec ses alentours des tableaux variés. Quoi de plus beau que les bossages puissants des palais florentins vus des étroites ruelles adjacentes. Ces édifices acquièrent ainsi une double valeur, car leur aspect est tout différent sur la *piazza* et dans le *vicolo*.

Il ne suffit pas au goût de notre temps de placer ses propres créations de la façon la plus défavorable possible ;

il lui faut encore améliorer les œuvres des anciens maîtres
en les débarrassant de leur entourage. Et l'on n'hésite pas
a le faire même quand il est manifeste qu'elles ont été
composées précisément pour être en harmonie avec les
édifices voisins et que sans eux elles perdraient toute leur

Fig. 20.

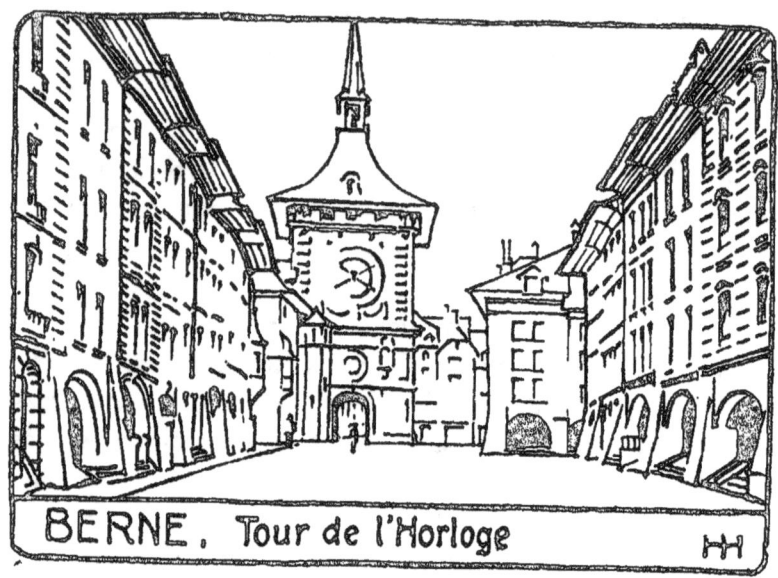

valeur. Si l'on met une œuvre d'art dans un autre milieu
que celui qui lui a été destiné, on lui enlève une partie de
ses qualités et l'on fait ainsi grand tort au maître qui l'a
conçue.

Des faits semblables ne sont pas rares. C'est une véritable maladie moderne que cette rage de tout isoler.
R. Baumeister, dans son manuel de la construction des
villes, l'élève même au rang de principe. Il écrit : « Les
anciens édifices doivent être conservés ; mais il faut pour
ainsi dire les écorcer et les restaurer. » Il en résulte donc

que, par la transformation de leurs alentours, ils doivent être amenés au milieu des places et dans l'axe des rues. Ce procédé est employé partout de préférence à l'égard des anciennes portes de ville. C'est certes une bien belle chose qu'une porte de ville isolée autour de laquelle on peut se promener au lieu de passer sous ses voûtes. L'exemple des portes de Berne (fig. 20) nous montre comment l'on peut satisfaire les exigences de la circulation sans supprimer complètement la raison d'être de ces vieux monuments du passé.

III

LA PLACE EST UN ESPACE FERMÉ

L'HABITUDE qu'avaient nos pères d'adosser à d'autres bâtiments les églises et les palais nous remet en mémoire le forum antique et son cadre ininterrompu d'édifices publics. En examinant les places créées au Moyen âge et à la Renaissance, surtout en Italie, on constate que ce type fut conservé longtemps par tradition. C'est parce qu'elles sont également closes que ces places produisent un effet d'ensemble si harmonieux. Et c'est même à cette qualité qu'un espace de terrain, au milieu d'une ville, doit son nom de place. Il est vrai que de nos jours l'on désigne ainsi toute parcelle de terrain entourée de quatre rues et sur laquelle on a renoncé à élever aucune construction. Cela peut suffire à l'hygiéniste et au technicien ; mais pour l'artiste ces quelques mètres carrés de terrain ne sont pas encore une place. Bien des choses seraient nécessaires pour l'embellir et lui donner du caractère et de l'importance. Car de même qu'il y a des chambres meublées et non meublées, on pourrait parler de places aménagées et non aménagées. Le caractère essentiel des unes et des autres est d'être un espace fermé.

C'est la condition la plus essentielle de tout effet artistique, et cependant elle est ignorée de ceux qui élaborent de nos jours les plans de villes. Les anciens, par contre, ont employé les moyens les plus divers pour la remplir, quelles que fussent les circonstances. Ils étaient, il est vrai, soutenus par la tradition et favorisés par l'étroitesse habituelle des rues et la circulation moins active. Mais c'est précisément dans les cas où ces auxiliaires leur faisaient défaut que leur talent et leur sens artistique se montrent avec le plus d'évidence.

Nous nous en rendrons mieux compte à l'aide de quelques exemples. Le cas le plus simple est le suivant : vis-à-vis d'un édifice monumental, on a fait une entaille dans la masse des maisons, et la place ainsi créée, entourée de tous côtés d'édifices, produit un heureux effet. Telle est la piazza S. Giovanni, à Brescia (fig. 21). Souvent une deuxième rue débouche sur la petite place, auquel cas l'on prend cependant soin de ne pas ouvrir une trop grande brèche dans ses parois afin que l'édifice principal reste bien encadré. Les anciens ont atteint ce but par des moyens si variés que le hasard seul ne peut les avoir guidés. Ils ont sans doute été souvent aidés par les circonstances, mais ils ont aussi su les utiliser admirablement. De nos jours, dans des cas semblables, on mettrait bas tous les obstacles et l'on ouvrirait de larges brèches dans les parois de la place, ainsi que cela se fait dans les villes que l'on veut moderniser.

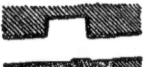

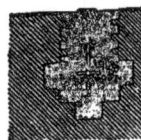

Fig. 21.

BRESCIA
S. Giovanni.

Serait-ce peut-être par hasard que les rues anciennes débouchent sur les places d'une façon directement opposée aux procédés des constructeurs de villes modernes. Il est aujourd'hui d'usage de faire aboutir deux rues qui se coupent à angle droit à chaque coin de place; on tient probablement à agrandir le plus possible l'ouverture faite dans l'enceinte de celle-ci et à détruire toute impression d'ensemble. Autrefois l'on procédait d'une manière toute différente. On s'efforçait de ne faire aboutir qu'une rue à chaque angle d'une place. Si une deuxième artère de direction

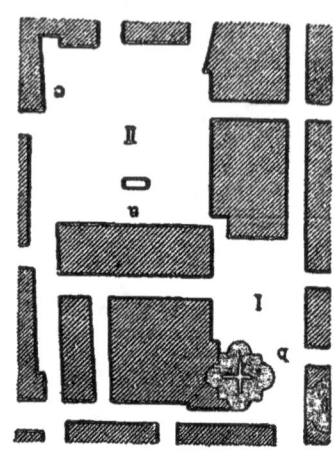

Fig. 22.

PARME

a. Palazzo del Commune
b. Madonna della Steccata.
c. Palazzo della Podesteria.
I. Piazza d. Steccata. II Piazza Grande.

perpendiculaire à la première était nécessaire, on la faisait arriver dans la rue assez loin de la place pour qu'on ne pût pas la voir de celle-ci. Et mieux encore : les trois ou quatre rues qui aboutissaient à ses angles avaient chacune une direction différente. Ce cas remarquable se reproduit si souvent, plus ou moins complètement, il est

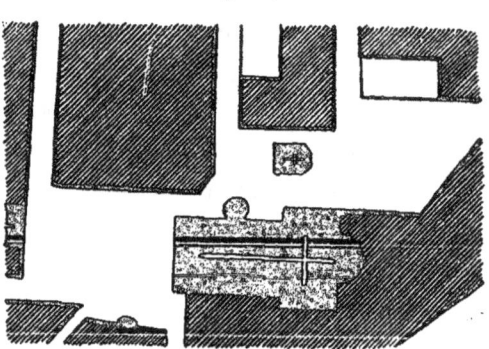

Fig. 23.

RAVENNE. Piazza del Duomo.

vrai, qu'il peut être considéré comme l'un des principes

conscients ou inconscients de la construction des villes anciennes. Un examen attentif montre que ce plan en forme de bras de turbine est très avantageux. Ainsi de chaque point de la place on ne peut avoir qu'une échappée sur les rues aboutissantes et l'enceinte de maisons n'est interrompue qu'une seule fois ; elle paraît même souvent tout à fait continue, car les bâtiments d'angle se cachent les uns les autres, grâce à la perspective, et toute brèche qui aurait pu produire une impression désagréable est comblée. Le secret de ce procédé consiste en ce que les rues débouchent perpendiculairement aux rayons visuels au lieu de leur être parallèles.

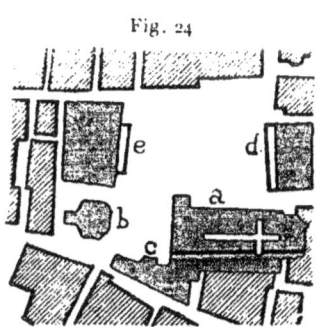

Fig. 24

PISTOIE. Piazza del Duomo.
a. Duomo. *b*. Baptistère. *c*. Évêché.
d. Palais de la Commune.
e. Palais du Podestat.

Les menuisiers et les charpentiers ont obéi au même principe, dès le Moyen âge, lorsque avec un art raffiné ils ont cherché, sinon à cacher, du moins à rendre peu apparents les joints du bois et de la pierre.

La place du Dôme, à Ravenne (fig. 23), montre le type le plus pur du procédé que nous venons de décrire. Dans le même genre celle de Pistoie (fig. 24) ;

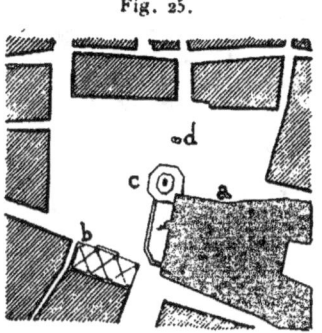

Fig. 25.

FLORENCE. Signoria.
a. Palazzo Vecchio.
b. Loggia dei Lanzi.
c. Fontaine. *d*. Statue de Cosme Iᵉʳ.

à Mantoue la piazza S. Pietro, et à Parme la piazza Grande (fig. 22). A la Signoria de Florence (fig. 25), le principe est un peu plus difficile à reconnaître. Les larges rues principales sont conformes à la règle, la ruelle d'un mètre de largeur environ (à côté de la Loggia dei Lanzi) se remarque en réalité bien moins que sur le plan.

Les anciens ont eu recours à d'autres moyens encore pour fermer l'enceinte de leurs places. Bien souvent ils ont

Fig. 26.

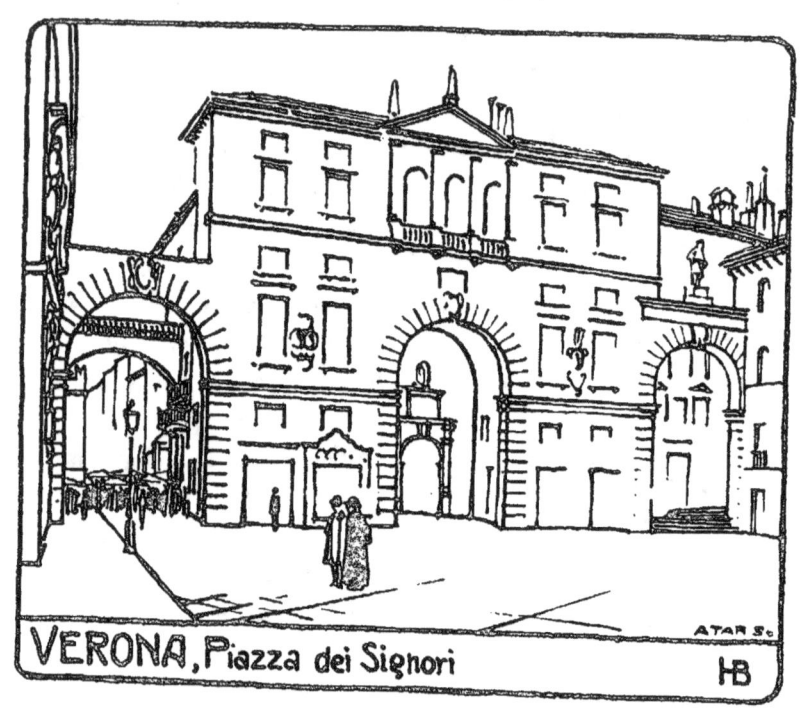

VERONA, Piazza dei Signori

interrompu la perspective infinie d'une rue par une porte monumentale à une ou plusieurs arcades dont la portée et le nombre étaient déterminés par l'intensité plus ou moins grande de la circulation à cet endroit. Ce splendide motif d'architecture a aujourd'hui presque complètement disparu ou, pour mieux dire, a été supprimé. C'est de nouveau Florence qui nous en offre un des meilleurs exemples dans son portique des Uffizi d'où l'on voit au loin l'Arno. En Italie, il n'est pas de ville de moyenne importance qui n'ait son portique. Il en est de même au nord des Alpes. Citons seulement le Langgasser Thor, à Danzig, la porte entre l'hôtel de ville et la chancellerie de Bruges, le Kerkboog à Nimègue, la tour de la grosse horloge à Rouen, les portes monumentales de Nancy, les guichets du Louvre, etc. La fig. 26 représente la piazza dei Signori à Vérone (voir aussi fig. 35) dont le cadre est complété par des portes monumentales d'un grand effet, quoique très simples.

Ces portes plus ou moins riches se retrouvent dans toutes les résidences princières, dans les châteaux et les hôtels de ville et servent aussi bien au passage des voitures qu'à celui des piétons. Quand même les architectes d'autrefois ont employé ce motif partout où ils le pouvaient, en le variant à l'infini, nos constructeurs modernes semblent ignorer son existence. Rappelons encore, pour constater une fois de plus la persistance des traditions antiques, qu'à Pompéi un arc de triomphe s'élevait aussi à l'entrée du forum (fig. 1).

Avec les portiques, les colonnades servaient aussi à encadrer les places. La place Saint-Pierre à Rome (fig. 90) en est l'exemple le plus complet ; dans des proportions plus modestes, l'hémicycle de la place de la carrière, à Nancy (fig. 82 et 83). Parfois le portique et les colonnades se combinent comme à la place du Dôme, à Salzbourg. A S. Maria Novella, à Florence, la colonnade est remplacée par un mur enrichi d'architectures. Parfois même des places sont entièrement entourées de murailles élevées, percées de portes simples ou monumentales, comme à l'ancienne résidence épiscopale de Bamberg (1591), à l'hôtel de ville d'Altenbourg (1562-1564) ; à la vieille univer-

sité de Fribourg-en-Brisgau et à plusieurs autres endroits.

Des arcades ornaient autrefois les édifices monumentaux
beaucoup plus fréquemment qu'aujourd'hui, soit dans leurs
étages supérieurs, comme aux hôtels de ville de Halle
(1548) et de Cologne (1568), soit au rez-de-chaussée.
Parmi de nombreux exemples citons encore : les arcades
des hôtels de ville de Paderborn, d'Ypres (1621-1622), du
vieil hôtel de ville d'Amsterdam, de l'hôtel de ville de
Lübeck, de la Halle aux draps de Brunswick, de l'hôtel de
ville de Brigue ; les arcades des places de marché comme à
Munster et à Bologne, ainsi que le Portico dei Servi dans
cette dernière ville. Rappelons aussi à Bologne le beau portique du Palazzo Podesta, et à Brescia la superbe arcade de
Monte Vecchio, les belles loggias d'Udine et de San
Annunziata, à Florence. Enfin le motif de l'arcade fut
employé de mille façons dans l'architecture des cours, des
cloîtres et des cimetières.

Toutes les formes architecturales que nous venons d'énumérer constituaient autrefois un système complet de clôture
des places. Aujourd'hui l'on tend au contraire à ouvrir
celles-ci de tous côtés. Il est facile de se rendre compte à quel
résultat aboutiront ces efforts. Ils tendent à la destruction
complète des places anciennes. Partout où de semblables
percées ont été exécutées, l'effet d'ensemble de la place est
complètement anéanti.

FORMES ET DIMENSIONS DES PLACES

O N peut distinguer deux formes de places : les places *en longueur* (fig. 29) et les places *en profondeur*. Ces dénominations n'ont qu'une valeur relative, elles dépendent de la position de l'observateur et de la direction de son rayon visuel. Une même place peut donc avoir en même temps ces deux formes, selon qu'on se rapporte à un bâtiment s'élevant sur son grand ou sur son petit côté.

En général, un édifice particulièrement important détermine la forme de la place. Ainsi la piazza di San Croce, a Florence (fig. 27) est profonde, car on la regarde habituellement en faisant face à l'église ; sa forme et ses monuments sont disposés de façon à produire leur meilleur effet dans une direction donnée. On comprend aisément qu'une place profonde ne fasse une bonne impression que si l'édifice principal qui la domine (à l'extrémité d'un de ses petits côtés) est plutôt de structure élancée, ainsi qu'il en est de

la plupart des églises. Si la place s'étend devant un édifice
développé surtout en longueur, sa configuration doit se
modifier en conséquence. Si les places
d'églises doivent donc en général être
profondes, les places d'hôtels de ville
gagnent à être allongées. La position des
monuments dans l'un et l'autre cas doit
s'adapter à la forme de la place.

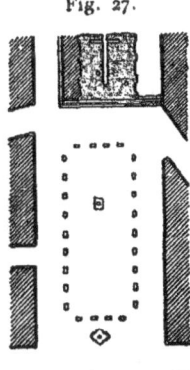

Fig. 27.

FLORENCE
S. Croce.

La piazza **Reale** à Modène (fig. 28) est
un exemple de place en longueur bien
disposée, quant à sa forme et à ses dimensions. La piazza di S. Domenico avec
laquelle elle communique est profonde.
Il faut remarquer la façon dont les différentes rues y débouchent : tout est arrangé
en vue d'obtenir un tableau parfait. La rue qui passe
devant l'église ne compromet pas l'effet de la place en faisant une brèche dans son cadre, puisqu'elle est dirigée perpendiculairement au rayon visuel de l'observateur. De
même les deux rues
qui aboutissent dans
la direction de la fa-
çade ne produisent
pas d'effet fâcheux,
car, en regardant l'é-
glise, on leur tourne
le dos. La saillie de
l'aile gauche du châ-
teau n'est point for-
tuite ; elle sert d'une part à empêcher le regard de se perdre
dans la rue, et d'autre part à séparer clairement les deux
places. Le contraste est frappant entre ces deux places si rap-
prochées. L'effet de l'une est encore rehaussé par l'effet op-

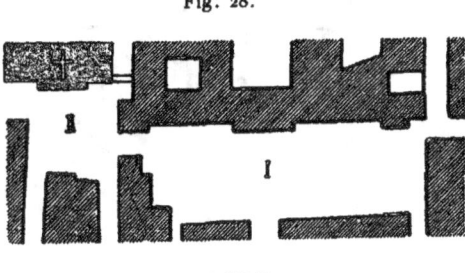

Fig. 28.

MODENE
I. Piazza di S. Domenico.   II. Piazza Reale.

Fig. 29.

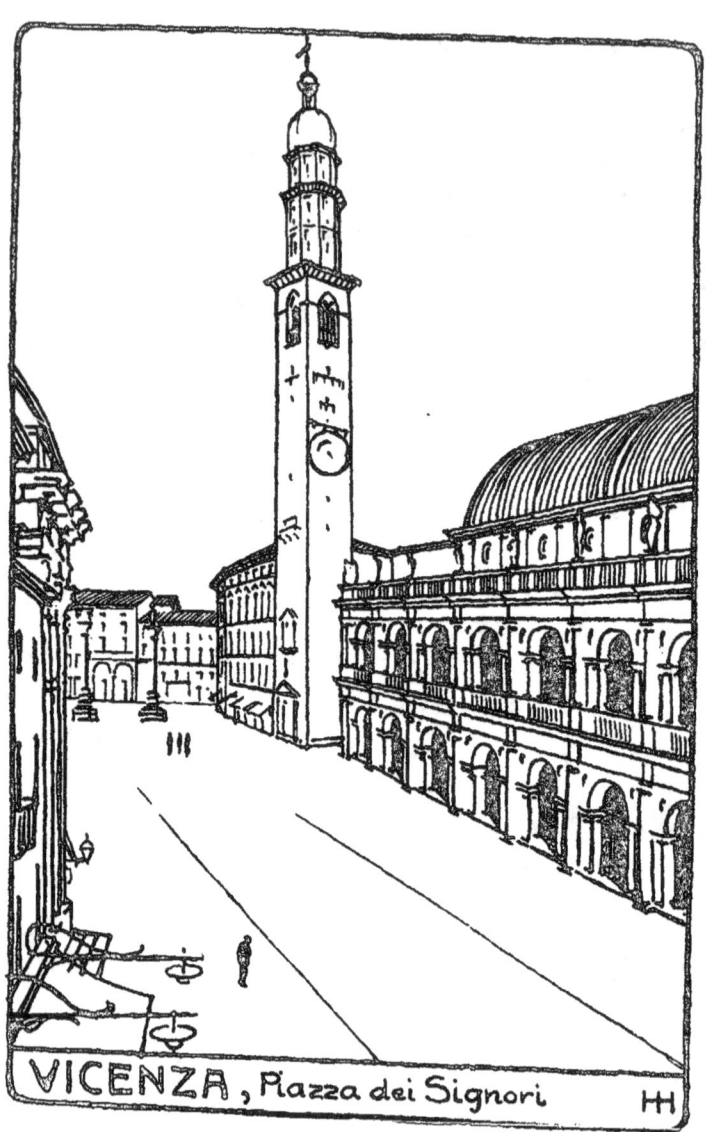

VICENZA, Piazza dei Signori

posé de l'autre : L'une est grande, l'autre petite ; l'une est
longue, l'autre est profonde ; l'une est dominée par un
palais, l'autre par une église. C'est vraiment une jouis-
sance pour un observateur artiste que d'analyser un plan
semblable et de rechercher les causes de son heureux
effet. Comme dans toute véritable œuvre d'art, on y
découvre sans cesse de nouvelles beautés et l'on admire
toujours davantage les procédés et les ressources des anciens
constructeurs de villes. Ils ont eu à résoudre des problèmes
souvent difficiles, car ils tenaient compte des besoins du
moment. Et c'est grâce à ce fait que nous ne pouvons
reconnaître dans leurs œuvres des types définis, vu qu'elles
se développèrent peu à peu, toujours inspirées par une saine
tradition.

Il est très difficile de déterminer exactement le rapport
qui doit exister entre les dimensions d'une place et celles
des édifices qui l'entourent ; il est cependant indiscutable.
Une trop petite place ne met pas en valeur une construction
monumentale, une place trop grande lui fait encore plus de
tort, car elle réduit ses dimensions apparentes, quelque
colossales qu'elles soient en réalité. Que de fois n'a-t-on
pas fait cette remarque à propos de la place et de l'église
Saint-Pierre à Rome !

Il serait certes illusoire de penser que l'idée de grandeur
donnée par une place augmente à l'infini par l'accroissement
de ses proportions. Dans d'autres domaines on a déjà fait
l'expérience qu'à des effets continuellement renforcés ne
correspondent pas des impressions toujours plus grandioses.
On a remarqué que l'intensité du son produit par un chœur
d'hommes augmente tout d'abord en raison des voix qui lui
sont ajoutées ; mais il arrive un moment où l'effet maximum étant atteint, l'adjonction de nouveaux chanteurs ne
le renforce plus. (Ce maximum est atteint avec 400 chan-

teurs.) Il semble en être tout à fait de même de l'impression de grandeur que nous donnent certaines places. Si l'on
ajoute à une petite place une étroite bande de terrain de
quelques mètres de largeur, le résultat est très sensible et
souvent avantageux ; mais si la place est déjà grande, cet
accroissement est à peine remarqué, car la proportion entre
la place et les édifices qui l'entourent n'existe plus du tout.
Ces esplanades gigantesques ne se rencontrent plus dans les
villes modernes que sous forme de places d'exercice ; elles
en font à peine partie, car les édifices qui les entourent semblent des villas en pleine nature ou des villages vus de loin.
L'on peut citer comme exemples de places semblables : le
Champ de Mars à Paris, le Campo di Marte à Venise, et
les piazze d'Armi à Trieste et à Turin. Bien qu'elles ne
rentrent pas dans le cadre de notre étude, nous les indi-
quons ici parce qu'elles ont été imitées dans l'intérieur des
villes par bien des places de dimensions disproportionnées.
Des édifices grandioses y sont réduits en apparence à une
échelle très ordinaire, car en architecture les rapports de
proportion jouent un plus grand rôle que les grandeurs
absolues. On voit dans des jardins publics des statues de
nains de deux mètres de hauteur et plus encore. Il existe par
contre des statuettes d'Hercule pas plus hautes que le pouce,
et pourtant c'est le plus grand des deux qui est un nain et
le plus petit un héros.

Tous ceux qui s'intéressent à la construction des villes
devraient étudier les dimensions de quelques petites places
et d'une grande place de la cité qu'ils habitent. Cet examen
leur prouverait que souvent l'impression de grandeur
qu'elles produisent n'est pas en rapport avec leurs dimensions réelles.

Il faut donc avant tout trouver un bon rapport de proportion entre les dimensions d'une place et celles des bâti-

ments qui l'entourent. Ce rapport, comme toutes les règles de l'art, n'est pas facile à établir exactement, car il est soumis à des variations souvent considérables. Un seul regard jeté sur le plan d'une grande ville quelconque nous en assure. Il est bien plus facile de mettre en proportion une colonne et son entablement. Il serait pourtant désirable de déterminer ce rapport avec une certaine approximation, surtout de nos jours où le plan d'extension des villes s'exécute d'un coup, selon la fantaisie d'un dessinateur, et non graduellement selon les besoins du moment. Pour faciliter la solution de cet important problème, nous avons dressé les plans qui accompagnent cette étude autant qu'il a été possible à une échelle commune dont le module est indiqué à la fin de la table des illustrations. On constatera que la variété des moyens employés autrefois touche presque à l'arbitraire. Cependant on peut tirer de leur examen les règles suivantes qui, malgré leur apparence de truismes, sont loin d'être toujours observées de nos jours.

1. Les places principales des grandes villes sont plus grandes que celles des petites villes.

2. Dans chaque ville quelques places principales ont des dimensions étendues, tandis que les autres doivent se contenter de surfaces plus réduites.

3. Les dimensions des places dépendent aussi de l'importance de l'édifice principal qui les domine. Autrement dit : La hauteur de cet édifice (mesurée du sol à la corniche) doit être proportionnée à la dimension de la place mesurée perpendiculairement à la direction de la façade principale. Dans les places en profondeur, il faut donc comparer la hauteur de la façade de l'église à la profondeur de la place ; dans les places en longueur, la hauteur de la façade du palais ou de l'hôtel de ville à la largeur de la place.

L'expérience montre que la dimension minimum d'une place doit être égale à la hauteur de l'édifice principal qui s'y élève et que sa dimension maximum ne doit pas dépasser sa double hauteur, à moins que la forme, la destination et l'architecture du bâtiment ne supportent de plus grandes dimensions encore. L'on peut élever sur des grandes places des bâtiments de hauteur moyenne, si grâce à leur petit nombre d'étages et à leur architecture massive ils sont plutôt développés en largeur.

Il est important aussi d'examiner le rapport qui doit exister entre la longueur et la largeur d'une place. Ici, toute règle stricte serait de peu de valeur, car il ne s'agit pas d'obtenir un bon résultat sur le papier seulement, mais aussi en réalité. Or, l'effet sur le terrain dépend beaucoup de la position de l'observateur, et, soit dit en passant, nous avons grand'peine à estimer exactement les distances. Aussi ne percevons-nous qu'imparfaitement le rapport entre la largeur et la longueur d'une place. Notons donc seulement que les places carrées sont peu fréquentes et n'ont pas bonne apparence ; que les places trop allongées (c'est-à-dire dont la longueur est plus de trois fois égale à la largeur) n'ont plus un aspect agréable. Les places en longueur supportent en général une plus grande différence entre leurs deux dimensions que les places en profondeur ; cela dépend néanmoins des circonstances. Il faut aussi tenir compte des rues qui débouchent sur la place. Les étroites ruelles des villes anciennes n'exigeaient que des places de dimensions modestes, tandis qu'aujourd'hui il faut des espaces infinis pour recevoir nos rues de largeur colossale. La largeur moyenne des artères modernes de 15 à 28 m. eût suffi autrefois à former l'un des côtés d'une place d'église caractéristique et bien encadrée. Assurément cela n'était possible que grâce à l'ingénieux dessin et à la faible largeur des rues (2—8 m.)

des villes anciennes. A quelles dimensions doit arriver une place de justes proportions si elle est située le long d'une artère de 50 à 60 mètres de largeur. Le Ring à Vienne a 57 mètres de largeur, l'Esplanade de Hambourg 50, les Tilleuls à Berlin 58. Ces dimensions ne sont pas même atteintes par la piazza di San Marco à Venise. Mais que dire de l'Avenue des Champs-Elysées, à Paris, qui a 142 m. de largeur. 58 sur 142 m., ce sont les dimensions moyennes des plus grandes places des villes anciennes.

On a constaté récemment une maladie nerveuse nouvelle, l'agoraphobie. De nombreuses personnes en souffrent ; elles éprouvent un certain malaise à traverser une place vide. Même les hommes célèbres coulés en bronze ou taillés dans la pierre sont atteints de cette maladie sur leurs socles monumentaux ; ils préfèrent (ainsi que nous l'avons déjà vu) s'établir sur une ancienne petite place plutôt qu'au milieu d'un espace aussi désert qu'immense. Quelles dimensions doivent atteindre les statues sur ces places géantes ? Au moins le double ou le triple de la stature humaine. La crainte des places est une maladie toute moderne, avons-nous dit. C'est bien naturel ; sur les anciennes petites places on se sentait à son aise. Ce n'est que dans notre souvenir qu'elles paraissent énormes, car la grandeur de l'impression d'art que nous y avons ressentie dépassait leur grandeur réelle. Nous oublions par contre bien vite les places gigantesques que nous avons parcourues et l'idée que nous en conservons dans notre mémoire est encore trop importante en regard de la nullité de leur valeur artistique. Leur influence la plus néfaste s'exerce certainement sur les bâtiments qui les entourent. Ceux-ci ne peuvent jamais être assez grands. Même si l'architecte épuise toutes les ressources de son art et entasse masses sur masses, comme personne ne l'a fait avant lui, l'effet produit ne correspond

jamais aux efforts artistiques et matériels qu'il a nécessités.

R. Baumeister, dans son ouvrage déjà cité, reproche en
outre aux places trop étendues de n'avoir aucun avantage
hygiénique ; bien plus, il les accuse d'être une source de
chaleur et de poussière et de mettre de l'embarras dans la
circulation. De nos jours, on projette néanmoins à l'envi des
places semblables, et cela avec une certaine logique, car elles
peuvent ainsi engloutir nos rues démesurées.

V

DE L'IRRÉGULARITÉ DES PLACES ANCIENNES

ES techniciens se donnent aujourd'hui plus de peine qu'il n'est nécessaire pour créer des rues rectilignes interminables et des places d'une régularité impeccable. Ces efforts paraissent bien mal dirigés à ceux que préoccupe particulièrement l'esthétique des villes. Nos pères avaient à ce sujet des idées très différentes des nôtres. En voici quelques preuves : la piazza dei Eremitani (fig. 30) et la piazza del Duomo, à Padoue (fig. 31), la piazza Anziani, à Pise (fig. 18), deux places de San Gimignano (fig. 32), et la piazza San Francesco, à Palerme (fig. 33).

L'irrégularité typique de ces anciennes places provient de leur développement historique graduel. On se trompe rarement en attribuant l'existence de ces sinuosités étonnantes à des causes pratiques : à la présence d'un canal ou d'un chemin déjà tracé ou à la forme d'une construction.

Chacun sait, par sa propre expérience, que ces entorses données à la symétrie ne choquent point l'œil, mais qu'elles excitent d'autant plus notre intérêt qu'elles paraissent toutes naturelles et que leur aspect pittoresque n'est point voulu. Peu de gens se rendent cependant compte pourquoi ce manque de régularité ne produit pas une impression désagréable ; il faudrait pour cela l'aide d'un plan. Chaque ville est plus riche qu'on ne le croit en exemples de ce genre, car l'œil est enclin à laisser échapper des inégalités peu apparentes et n'est pas habile à évaluer des angles. Il voit volontiers les formes plus régulières qu'elles ne le sont.

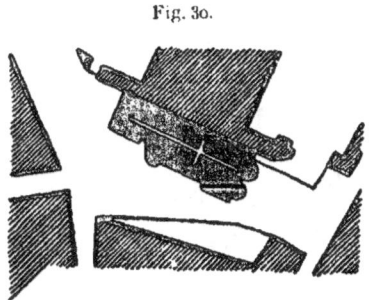

Fig. 3o.

PADOUE. Piazza dei Eremitani.

Quiconque examine le plan de sa propre ville, s'assurera que des irrégularités de plan choquantes sur le papier ne l'ont pas le moins du monde frappé en réalité. Chacun connaît, sinon pour y avoir été, du moins par des gravures, la célèbre piazza d'Erbe à Vérone (fig. 34 et 35). Mais peu nombreux

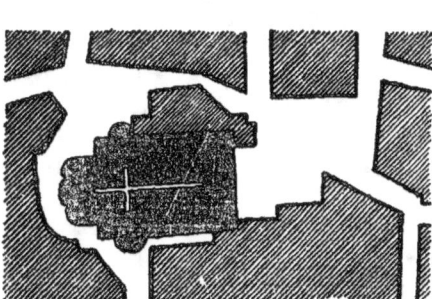

Fig. 31.

PADOUE. Piazza del Duomo.

sans doute sont ceux qui ont constaté sa forme irrégulière. Cela n'est pas surprenant, car rien n'est plus difficile que de recomposer le plan d'une place d'après une vue perspective et surtout de mémoire ; au moment où l'on en contemple les beautés, on ne songe pas à en analyser la structure en détail. La différence existant entre la représentation graphique et l'aspect réel de la piazza San Maria Novella, à Florence (fig. 36), n'est pas moins étonnante. De fait, la place a cinq côtés, mais dans la mémoire de plus d'un voyageur, elle n'en a que quatre; car, sur le terrain, l'on ne peut jamais voir que trois côtés de la place à la fois et l'angle formé par les deux autres est toujours situé derrière le dos de l'ob-

Fig 32.

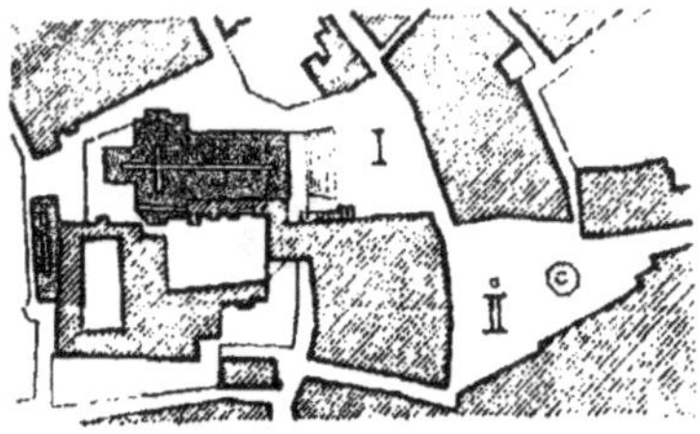

S. GIMIGNANO
I. Piazza del Duomo.
II Piazza della Cisterna.

servateur. En outre, il est facile de se tromper en évaluant l'angle que forment entre eux ces côtés. Les effets de perspective rendent cette estimation difficile même pour des hommes du métier, s'ils ne se servent que de leurs yeux. C'est une vraie place à surprises, tant on y est sujet aux illusions d'optique les plus variées. C'est bien autre chose que la symétrie rigoureuse chère aux constructeurs de villes modernes.

Il est très étrange que les moindres irrégularités des plans de villes modernes nous choquent, tandis que celles des places anciennes n'ont pas mauvaise apparence. En effet, celles-ci sont telles qu'on ne les

Fig 33.

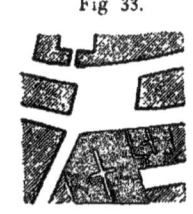

PALERME
Piazza S. Francesco.

perçoit que sur le papier; sur le terrain, elles échappent à notre attention. Les anciens ne concevaient pas leurs plans sur des planches à dessin, mais leurs constructions s'élevaient peu à peu *in natura*. Ils se rendaient donc aisément compte de ce qui frappait l'œil en réalité et ne s'attardaient pas à corriger des défauts de symétrie évidents seulement sur le papier. Preuve en soient les différentes places de Sienne (fig. 37-40).

Dans tous ces exemples, on reconnaît clairement la tendance à créer devant les façades d'églises des places profondes qui les mettent en valeur et à ménager des perspectives sur des bâtiments importants. L'observateur qui fait face à l'édifice ne peut voir les côtés les plus irréguliers de la place, car il leur tourne le dos. De cette façon, celle-ci ne paraît pas trop déchiquetée et forme un tout bien proportionné.

On sait combien peu la symétrie et la régularité absolument géométrique contribuent à la beauté pittoresque des châteaux du Moyen âge. Ceux-ci, en dépit de leur structure tourmentée, produisent une impression harmonieuse parce

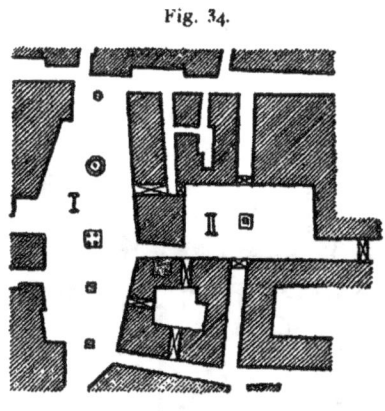

Fig. 34.

VERONE

I. Piazza Erbe.   II. Piazza Signoria.

que leur architecture exprime clairement ce qu'elle renferme. Chaque corps de bâtiment a pour ainsi dire son contrepoids qui assure l'équilibre d'un ensemble hardiment conçu et composé de motifs dont la variété ne produit cependant pas de confusion. Il en est de même dans l'art de bâtir les villes. Ici, la liberté de l'artiste est encore plus grande, car le domaine où il peut appliquer les ressources de son art est bien plus vaste et les moyens dont il dispose sont si multiples qu'ils peuvent être tous employés sans se faire tort les uns aux autres. Pourquoi donc se contenter de la régularité guindée, de la symétrie

inutile et de l'uniformité lassante des plans de villes modernes. Dans les quartiers de villas et dans l'architecture
des châteaux, on apprécie un laisser-aller pittoresque ; pourquoi, dans la construction des villes, la règle et le compas
sont-ils des maîtres tout-puissants ?

La notion de symétrie se propage de nos jours avec la

Fig. 35.

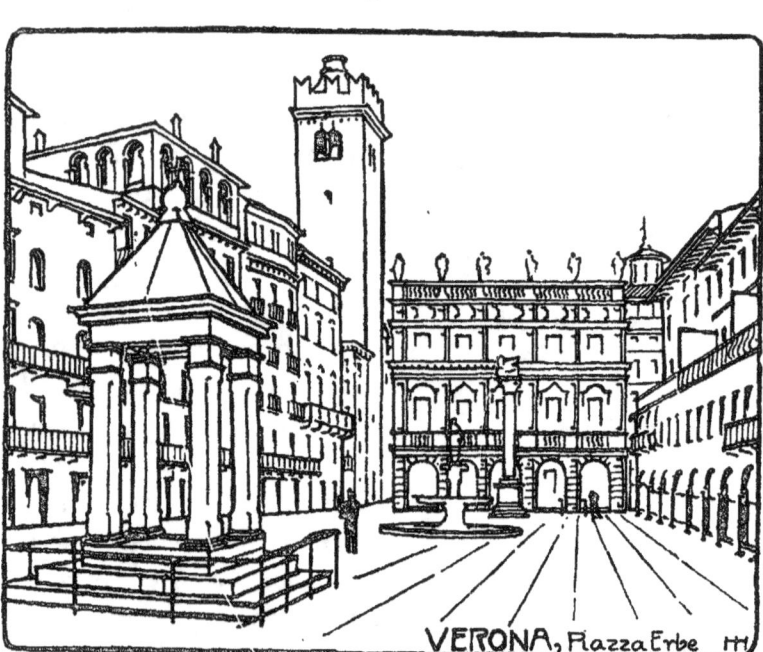

rapidité d'une épidémie. Elle est familière aux gens les
moins cultivés et chacun se croit appelé à dire son mot dans
des questions d'art aussi difficiles que celles qui touchent à
la construction des villes, car il croit avoir dans son petit
doigt le seul critérium nécessaire : la symétrie. Ce mot est
grec, cependant on peut facilement prouver que dans l'antiquité il avait un tout autre sens qu'aujourd'hui. La notion

d'identité d'une image à gauche et à droite d'un axe n'était
alors la base d'aucune théorie. Quiconque s'est donné la
peine de rechercher dans la littérature grecque et latine le
sens du mot symétrie sait qu'il signifie une chose que nous
ne pouvons exprimer aujourd'hui par aucun mot. Déjà
Vitruve a dû rendre cette expression par une périphrase : Il
dit : (I, 2, 4) *Item symmetria est ex ipsius operis mem-*
bris conveniens consensus ex partibusque separatis ad

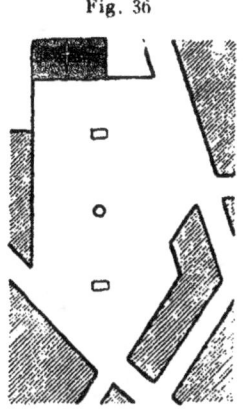

Fig. 36

FLORENCE
Piazza S. Maria Novella.

universæ figuræ speciem ratæ partis
responsus. C'est pourquoi sa termi-
nologie est toujours variable, sauf lorsqu'il adopte délibérément le terme
grec. Parfois il le remplace par *pro-*
portio, ce qui est une interprétation
à peu près exacte, mais il n'aime pas
se servir de ce terme, car il dit lui-
même que la symétrie résulte de la
proportio quæ græce αναλογια *dici-*
tur (l, III, 1, 1). En somme la proportion et la symétrie sont, chez les
anciens, une seule et même chose.
L'unique différence entre ces deux
termes est qu'en architecture la proportion est simplement
un rapport agréable à l'œil (comme le rapport entre le dia-
mètre de la colonne et sa hauteur), tandis que la symétrie
est le même rapport exprimé par des nombres. Ce sens a
subsisté pendant tout le Moyen âge. C'est lorsque les maîtres gothiques commencèrent à tracer des dessins d'architecture et que l'on s'inquiéta toujours plus des axes de
symétrie au sens moderne du terme, que la notion de similitude de l'image à gauche et à droite d'une ligne principale,
fut érigée en théorie. A cette idée nouvelle on donna un
nom ancien, dont la signification fut altérée. Les écrivains

de la Renaissance l'emploient déjà dans ce sens. Depuis lors les axes de symétrie sont devenus toujours plus fréquents dans les plans des édifices comme dans ceux des villes. C'est avec leur seul secours que l'architecte moderne prétend accomplir toutes les tâches qui lui incombent. Nos règlements de construction, soi-disant esthétiques, sont là pour prouver l'insuffisance de ce malheureux principe. Chacun proclame qu'une loi réglant la construction des villes ne doit point ignorer complètement les lois de la beauté ; mais dès qu'il s'agit de passer de la théorie à la pratique, une perplexité sans bornes remplace l'enthousiasme du début. La souris dont accouche la montagne en mal d'enfant, n'est finalement que l'inévitable symétrie, dont chacun peut apprécier les beautés. Ainsi la loi bavaroise de 1864 a cherché à satisfaire les besoins artistiques du pays en recommandant aux architectes d'éviter, dans le des-

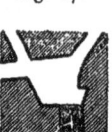

Fig. 37.

SIENNE
S. Pietro alle scale.

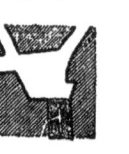

Fig. 38.

SIENNE
S. Vigilio.

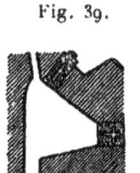

Fig. 39.

SIENNE
V. di Abadia.

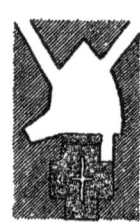

Fig. 40.

SIENNE
S. Maria
di Provenzano.

sin de leurs façades, tout ce qui pourrait offenser la symétrie et la morale. Reste à savoir lequel de ces deux délits était considéré comme le plus grave.

Dans les villes modernes, les irrégularités de plans n'ont pas de succès, car elles sont créées artificiellement à l'aide de la règle. Ce sont le plus souvent des places triangulaires, résidu fatal d'un parcellement en damier. Celles-ci font le plus souvent mauvais effet ; l'œil ne peut se faire illusion, car il voit toujours les intersections heurtées des lignes de maisons. Le seul moyen de remédier aux défauts de places semblables serait de rendre chacun de leurs côtés irrégulier en soi-même ; l'on obtiendrait ainsi de nombreux recoins (partiellement symétriques) et des espaces séparés de la circulation où pourraient s'élever avec avantage des monuments et des statues. Cela est, hélas ! impossible de nos jours, car, lorsque chacun des trois côtés d'une place triangulaire est rigoureusement aligné, tout effort vers le beau est vain. De là est née la légende des places régulières et irrégulières, selon laquelle les premières seules sont belles et capables de recevoir des monuments, il va sans dire en leur centre géométrique. Si l'on se borne à considérer les places modernes, cette affirmation est juste, mais dès qu'on examine celles d'autrefois, on reconnaît que les places irrégulières peuvent s'enrichir de bien plus de statues et de monuments, car les emplacements propres à les recevoir n'y manquent pas.

VI

DES GROUPES DE PLACES

L nous est déjà arrivé, dans le cours de notre étude, de comparer deux places situées dans le voisinage l'une de l'autre, et nos illustrations ont présenté plusieurs exemples de semblables groupements. Ceux-ci sont si fréquents, surtout en Italie, que les villes où les édifices principaux se groupent autour d'une place unique, sont plutôt une exception. C'est une conséquence de l'usage ancien de fermer le cadre des places et d'adosser les églises et les palais à d'autres bâtiments. Examinons le plan de Modène (fig. 41). La piazza Grande est évidemment destinée à mettre en valeur la façade latérale de l'église. Aussi la place est-elle plutôt de forme allongée et s'étend-elle encore au delà de l'abside. On pourrait exprimer théoriquement ce fait en disant que la façade latérale et celle du chœur se sont fondues. Les places I et II sont par contre bien distinctes l'une de l'autre : la piazza Grande forme à elle seule un tout et la piazza Torre a de même son caractère individuel. Sa raison d'être est d'ouvrir une perspective sur la tour de l'église, qui produit ainsi tout son effet. La place III, que domine la façade principale, est

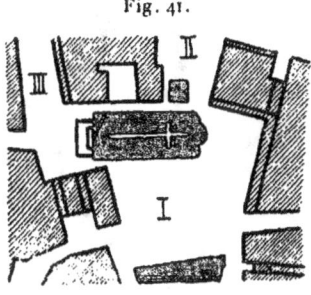

Fig. 41.

MODENE

I Piazza Grande. II. Piazza Torre.
III. Piazza della Legna.

profonde, conformément à la règle ; la rue qui y débouche dans la direction du portail ne détruit cependant pas l'harmonie de l'ensemble. A Lucques, la piazza Grande (fig. 42) et la double place du Dôme (dont une partie s'étend en face de l'église et l'autre sur son côté) présentent une ordonnance analogue. Ces exemples, qu'il serait aisé de multiplier à l'infini, nous prouvent que ce sont les différentes façades des édifices qui ont déterminé la formation des places correspondantes afin de produire une œuvre belle. Il n'est en effet pas vraisemblable que deux ou

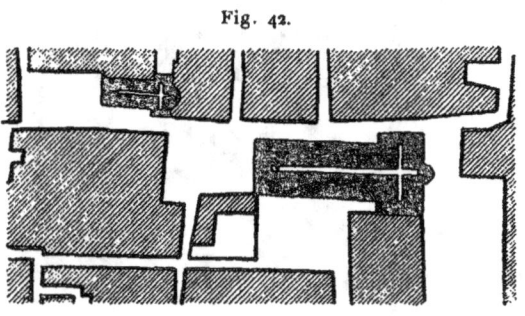

Fig. 42.

LUCQUES. Piazza Grande.

trois places aient été créées, de telle façon que les diverses façades d'une église s'y adaptent ensuite exactement. Il est en tout cas certain que cette combinaison fait valoir toutes les beautés d'une construction monumentale : trois places et trois aspects différents, formant chacun un tout harmonieux autour d'une seule église, on ne peut vraiment demander davantage. C'est une nouvelle preuve de la sagesse des anciens qui, avec des ressources

matérielles minimes, savaient produire de grands effets.
On pourrait presque appeler leur
manière de faire, la méthode
de la plus grande utilisation
des édifices monumentaux. En
effet, chaque façade remarquable
a sa place à elle et, réciproquement, chaque place a sa façade de marbre ; cela aussi a son
importance, car on ne les trouve
pas partout à sa disposition,
ces superbes façades de pierre,
bien nécessaires pour donner à
plus d'une place un caractère
qui la sorte de la banalité.

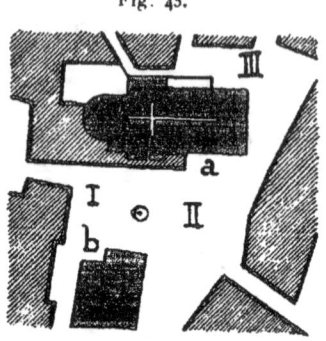

Fig. 43.

PÉROUSE

I. Piazza del Vescovato.
II. Piazza di S Lorenzo.
III. Piazza del Papa.
a. Duomo. b. Palazzo communale.

Cette méthode, d'une sagesse raffinée, ne peut plus être
utilisée, son emploi supposant l'existence de places bien
encloses et d'édifices ados-
sés à d'autres constructions,
deux coutumes également
contraires à la mode du jour
qui préfère ouvrir partout
des brèches.

Mais revenons plutôt aux
anciens maîtres. A Pérouse,
la piazza di S. Lorenzo (fig.
43) sépare le Dôme du Pa-
lazzo Communale ; elle est
donc à la fois place du Dôme
et place de l'Hôtel de Ville.

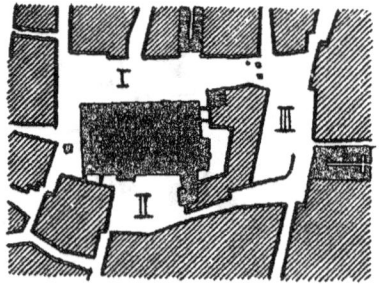

Fig. 44.

VICENCE

I. Piazza dei Signori. II. Pescheria.
III. Piazza della Biava.

La place III, par contre, est consacrée à la cathédrale. A
Vicence (fig. 44 et 29), la basilique de Palladio est entourée
de deux places ayant chacune leur caractère particulier. De

même la Signoria, à Florence, a aussi sa place secondaire dans le Portique des Uffizi. Cette Signoria est, au point de vue architectural, la place la plus remarquable du monde. Toutes les ressources de l'art de construire les villes ont été mises ici à contribution : la forme et la dimension de la place, contrastant avec celles de la place voisine, la manière dont les rues y débouchent, la situation des fontaines et des monuments, tout cela est admirablement étudié. L'on ne soupçonne aucun effort et l'on admire cet ensemble superbe sans se rendre compte des causes de sa beauté. Cependant la somme de travail qu'il a nécessitée est sans égale. Plusieurs générations d'artistes de valeur ont mis des siècles à transformer cet emplacement, en lui-même peu avantageux, en un chef-d'œuvre d'architecture. Aussi ne peut-on jamais se rassasier de ce spectacle qui plaît d'autant plus que les moyens qui ont servi à le créer sont moins évidents.

Venise présente aussi une combinaison de places en tous points remarquable : La piazza di S. Marco (I) et la Piazzetta (II) (fig. 45 et 46). La première est une place en profondeur

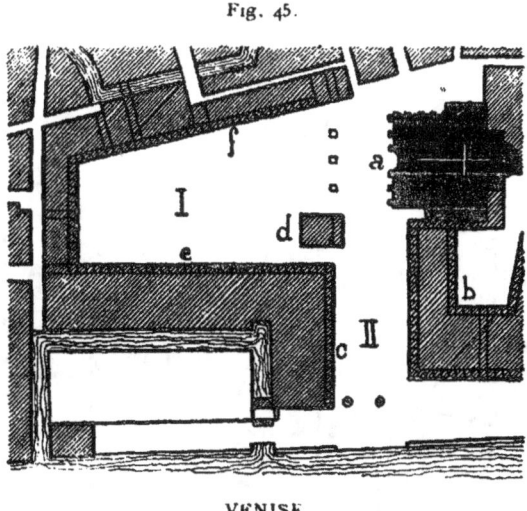

Fig. 45.

VENISE

I. Piazza di S. Marco.	c. Bibliothèque.
II. Piazzetta.	d. Campanile.
a. S. Marco.	e. Nouvelles Procuraties.
b. Palais des Doges.	f. Vieilles Procuraties.

Fig. 46.

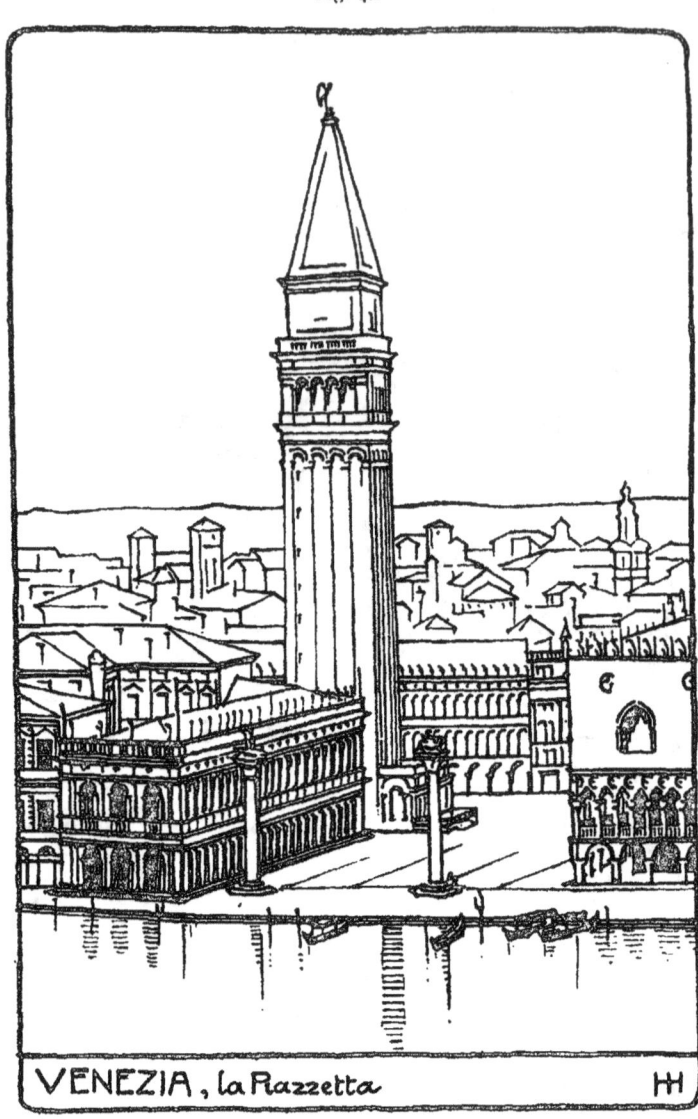

VENEZIA, la Piazzetta — HH

par rapport à S. Marco, et une place en longueur par rapport aux Procuraties. La seconde est allongée par rapport
au palais des Doges et avant tout profonde par rapport au
tableau superbe que forme le Grand Canal avec, au loin, le
campanile de S. Giorgio Maggiore. Une troisième petite
place s'étend devant la façade latérale de S. Marco. Il y a
tant de beauté répandue en ce point qu'aucun peintre n'a
jamais conçu de fond d'architecture plus parfait à ses
tableaux, et qu'aucun théâtre n'a créé de décor plus sublime
que le spectacle dont on jouit à Venise. C'est, en vérité, le
siège d'une grande puissance, d'une puissance de l'esprit, de
l'art et de l'industrie, qui a ramassé les trésors du monde
sur ses vaisseaux, qui a exercé sa suprématie sur toutes les
mers, et qui a joui des richesses entassées en ce point du
globe. L'imagination d'un Titien et d'un Paul Véronèse n'a
pu même évoquer des images de villes (arrière-plans des
grands tableaux de noces) plus belles que celles-ci. Assurément, cette splendeur sans égale a été atteinte à l'aide de
moyens peu ordinaires : l'effet de la mer, le grand nombre
d'édifices ornés de sculptures, la magnificence du coloris de
S. Marco, l'énorme Campanile. Mais l'impression sans égale
que produit l'entassement de ces merveilles est due en une
large mesure à leur habile ordonnance. Soyons bien sûrs
que toutes ces œuvres d'art, placées au hasard selon un système moderne, à l'aide du compas et de la règle, perdraient
une grande part de leur valeur. Qu'on se représente San
Marco dégagé de son entourage, transporté dans l'axe d'une
place moderne gigantesque, les Procuraties, la Bibliothèque
et le Campanile, au lieu d'être étroitement réunis, éparpillés
sur un vaste espace, bordé d'un boulevard de 60 mètres de
large. Quel cauchemar pour un artiste ! Ce chef-d'œuvre
serait ainsi réduit à néant. La magnificence des édifices ne
suffit pas à former un ensemble grandiose, si la disposition

générale de la place n'est pas bien étudiée. La configuration de la piazza di S. Marco et des places qui en dépendent est conforme à toutes les règles que nous avons reconnues jusqu'ici. Il faut noter particulièrement la situation du Campanile qui, debout entre les deux places, semble monter la garde.

Quel effet produit la combinaison de plusieurs places sur celui qui passe de l'une à l'autre ! L'œil est à chaque instant frappé par des tableaux différents, et l'impression ressentie varie sans cesse. On s'en rend compte en examinant des photographies de la piazza di S. Marco et de la Signoria de Florence. Il existe plus d'une douzaine de clichés de chacune d'elles pris de points divers. Ils donnent tous une image différente, si bien que l'on ne croirait pas avoir chaque fois une vue du même endroit. En faisant la même expérience sur une place moderne dont tous les angles sont rigoureusement droits, on ne tirerait pas plus de trois vues de valeur différente, car une telle place n'exprime en général aucune pensée artistique, elle n'est qu'une surface mesurant tant et tant de mètres carrés.

VII

DES RUES

E ne sont pas seulement les places publiques qui, dans les anciennes villes, méritent d'être étudiées. Quoiqu'il semble à première vue que le dédale pittoresque d'une ville moyen-âgeuse ne puisse intéresser qu'un peintre ou un fanatique de vieilles pierres, un examen attentif de l'ordonnance de ses rues ne sera pas sans fruit, même pour le technicien moderne.

De véritables artères sont peu nombreuses dans les vieilles cités (fig. 47). Les rues se sont créées peu à peu par le développement graduel des principales voies de communication aboutissant de la campagne à son centre naturel. La métairie ou le château est devenu village, le village bourg ou ville. Comme au Moyen âge on dut entourer de murs la plupart de ces groupes de maisons, leur extension en fut naturellement gênée. Sauf quelques villes construites d'un seul jet et selon un plan régulier, du XIIᵉ au XIVᵉ siècle,

la plupart des cités du Moyen âge se sont élevées
peu à peu sur des camps romains ou sur des villages
aborigènes. Le tracé de leurs rues n'avait donc rien
d'arbitraire ; il était donné par les circonstances, ou
indiqué par l'orientation et se soumettait au relief du

Fig. 47.

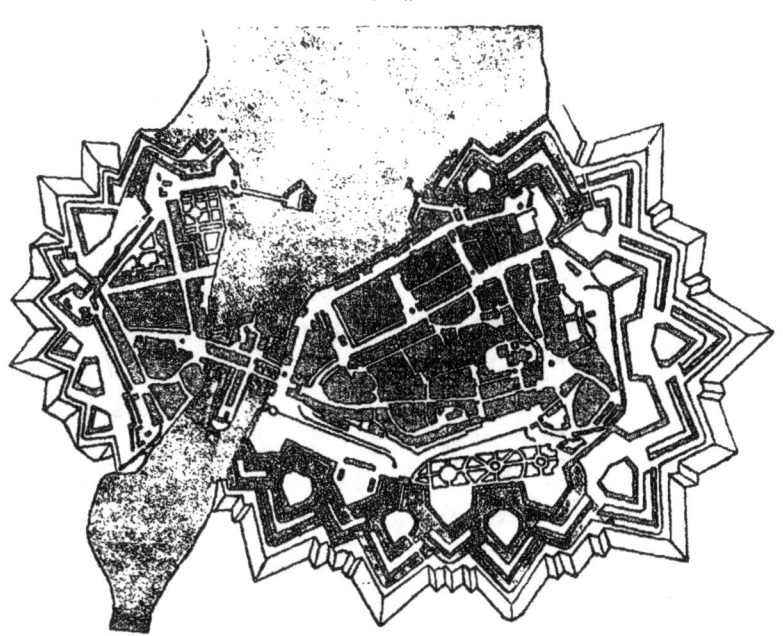

sol. A côté des voies principales, tout un fourmillement
de ruelles étroites où la circulation était moins intense
complétait le plan de la ville. Sa superficie était peu découpée par les voies de communication, et les parcelles bâties
avaient souvent une plus grande étendue qu'aujourd'hui.
Par ce fait de nombreuses maisons donnaient sur
des cours intérieures qui n'étaient pas toujours des puits
infects, comme on le croit communément ; elles avaient
même souvent une certaine étendue et formaient de véri-

tables jardins, plantés d'arbres. Il ne faut pas juger la voirie de nos pères sur les débris de quelques bourgades pauvres et sans importance, mais plutôt examiner les villes qui ont brillé jadis d'un grand éclat, et qui par leur population nombreuse et leur opulence d'autrefois ont pour nous un intérêt vraiment pratique.

Le resserrement des villes dans leur ceinture de murailles et le petit nombre de leurs voies de communication étaient en tous cas très favorables à l'esthétique de la rue. La rue idéale doit former un tout fermé! Plus les impressions y seront limitées, plus le tableau sera parfait. On se sent à l'aise dans un espace où le regard ne peut se perdre à l'infini. La rue d'autrefois répondait tout naturellement à ces conditions. L'étroitesse et la rareté des voies latérales empêchait que son cadre ne fût trop souvent interrompu. De plus, la sinuosité des rues anciennes en fermait sans cesse la perspective et offrait à chaque instant à l'œil un autre horizon. Ces sinuosités qu'on détruit à grands frais de nos jours n'étaient pas dues au caprice de braves gens qui songeaient encore à la beauté, ni à l'ignorance des ingénieurs du temps, pas aussi experts que les nôtres dans l'art de tirer des lignes droites; elles provenaient souvent de causes très pratiques. Il fallait adapter le tracé de la rue au terrain, ménager une construction existante, éviter un cours d'eau, etc. On cherchait aussi à mettre d'équerre les intersections de rues. A ce dessein, si l'une d'elles arrivait dans une autre selon une direction oblique, on la courbait légèrement vers son embouchure afin de faciliter la circulation et de former de bons plans de maisons. L'examen du plan de Bruges montre que les intersections de rues à angles aigus, si fréquentes dans les villes modernes, étaient presque inconnues autrefois. Nos prédécesseurs ont aussi voulu éviter le croisement

de plusieurs artères en un même point. A cet effet ils
ont de nouveau courbé la ligne d'une rue, et l'ont fait
arriver à un endroit où aucune autre voie ne débouchait.
Selon les procédés modernes, on aurait tracé la rue *a*
(fig. 48) dans la direction indiquée par le pointillé. Les

Fig. 48.

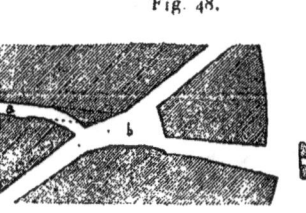

BRUGES

maisons d'angle seraient ainsi
gratifiées d'un plan incom-
mode et la petite place *b*
perdrait tout son cachet.

Il ne faut pas méconnaître
que souvent des considérations purement artistiques
ont guidé les constructeurs

des villes du passé. Lorsque aucune raison pratique ne les
forçait d'imprimer une courbe à la direction d'une rue, ils
ont su interrompre sa perspective infinie en déplaçant
son axe (fig. 49), ou en la brisant fig. 50). Cela était surtout nécessaire quand l'artère avait un point culminant.
Ces sortes de dos d'âne sont toujours d'un mauvais
effet, si l'on ne prend soin de les masquer soit en divisant

Fig. 49.

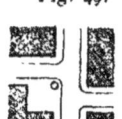

la rue, soit en repoussant son axe ou par d'autres moyens encore. Dans le plan de Genève
(fig. 51), la rue *a* est ascendante et atteint son
point culminant en *b* pour redescendre en *c*.
La vue de la rue *c* étant masquée de *a* et

réciproquement, on ne peut voir les édifices et les passants
s'enfoncer dans le sol comme cela aurait été le cas si elle
avait été droite. Il est intéressant aussi de remarquer
que toutes les rues aboutissant à cette petite place sont
terminées par des maisons d'angle. Là où de tels procédés
auraient entravé la circulation, les anciens ont jeté sur la
rue un arc qui interrompait ainsi une perspective trop
longue. En évitant de la sorte la longueur démesurée

des artères, on empêchait aussi le vent de balayer le sol et de soulever la poussière comme il peut le faire dans les rues droites où il ne rencontre aucun obstacle.

Il serait long de citer tous les procédés employés jadis pour donner plus de variété à l'aspect des rues. Nous voulons seulement, à l'aide de quelques exemples, montrer de combien de ressources disposait autrefois le constructeur de villes. Ces exemples sont souvent difficiles à trouver, car les rues, encore plus que les places,

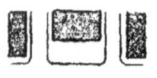

Fig. 50.

ont souffert de la fureur d'alignement des ingénieurs modernes. Certaines villes de Belgique ont cependant conservé en grande partie leur plan ancien. Comme elles jouissaient aux XIIIᵉ et XIVᵉ siècles d'un grand développement, elles méritent non seulement l'attention de l'archéologue épris du passé, mais aussi celle de l'architecte pratique. La ville de Bruges, au plan de laquelle nous avons emprunté de nombreux exemples, était au XIVᵉ siècle une des plus grandes villes de l'Europe. Elle comptait plus de 200,000 habitants; ses rues et ses places devaient donc être appropriées à une circulation intense et à un trafic important. La rue des Pierres (fig. 53) a une largeur moyenne de 15 m. Ce n'est pas encore un boulevard, mais c'est déjà

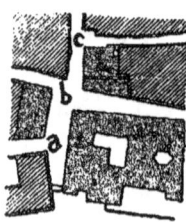

Fig. 51.

GENÈVE

beaucoup pour une ville de cette époque. Examinons de plus près son plan (fig. 52). Elle conduit de la Grand'Place à la cathédrale Saint-Sauveur et se continue vers la gare par la rue du Sablon. Rien de l'uniformité des rues modernes. Sa ligne ondulée permet au passant de contempler un tableau sans cesse varié, car toutes les façades

passent successivement devant ses yeux. Dans la première
partie de la rue, son côté droit est légèrement concave,
mais après la place Stevin, sa direction générale s'incline
vers la droite, et c'est son côté gauche qui se développe au
contraire selon une ligne concave, ainsi que le montre la
fig. 53. Cette vue est prise en venant de la Grand'Place
avant d'arriver à la place Stevin. Celle-ci, conformément à l'usage ancien, est située à côté de la rue et n'est
point, comme on le fait de nos jours, traversée par elle.

Fig. 52

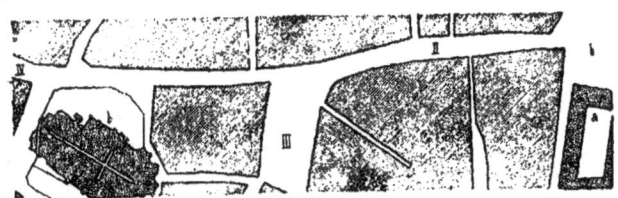

BRUGES

a. Halles	I. Grand'Place.	III. Place Stevin.
b. Cathédrale Saint-Sauveur.	II. Rue des Pierres.	IV. Rue du Sablon.

On pouvait donc y tenir autrefois un marché, car elle
n'était pas sur le passage des chars et des piétons. Par
exception elle est découpée dans la face concave de la rue.
Jadis on s'appliquait en général à ne pas trop souvent interrompre la face concave d'une rue dont les édifices sont
bien mis en valeur, car la brèche ainsi faite dans son cadre
est bien plus apparente que sur le côté convexe. Ici cette
ouverture est atténuée par la tour de Saint-Sauveur, qui
limite la rue d'une façon grandiose. En se retournant, le
regard est aussi arrêté par le beffroi des halles, qui donne à
la rue sa conclusion de l'autre côté. Ce cachet tout
particulier qu'impriment à la rue des Pierres ces deux
tours est dû en premier lieu à sa courbure. L'une

Fig. 53.

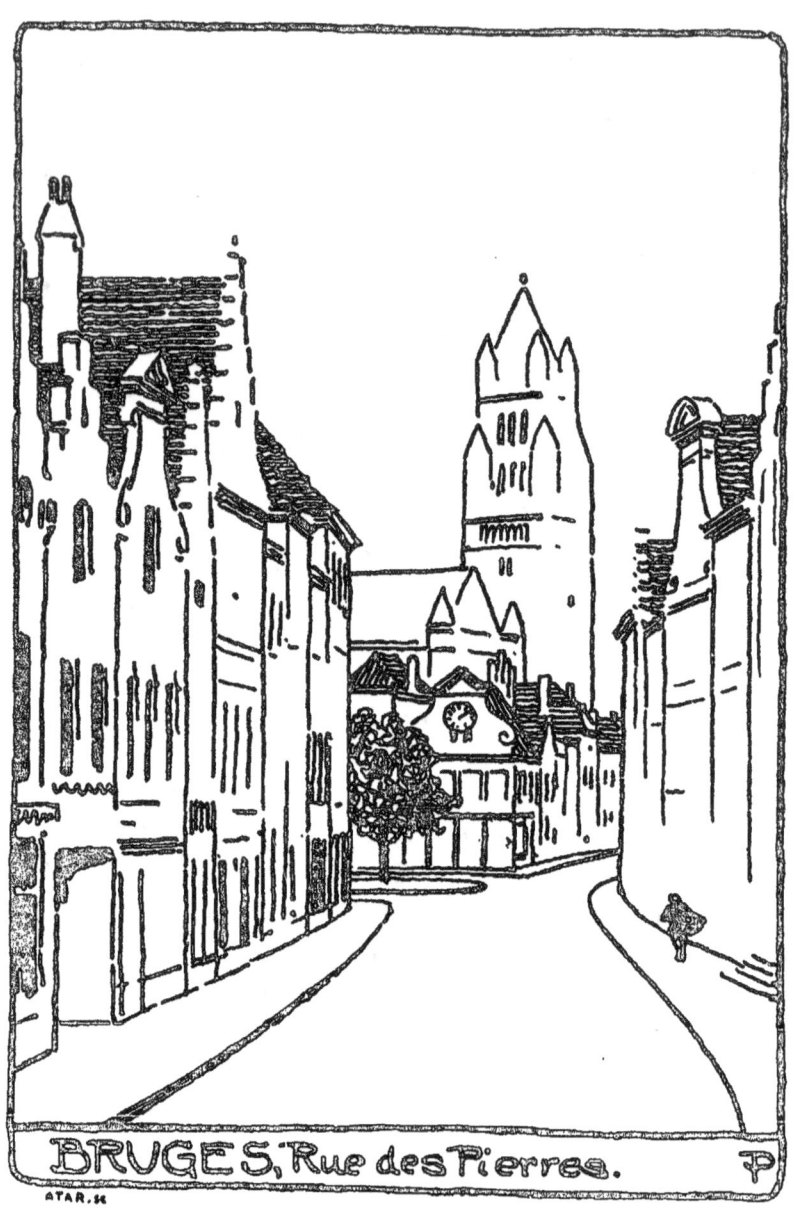

BRUGES, Rue des Pierres.

et l'autre surgissent du dessus des toits et surprennent
le regard par leur apparition soudaine. Aujourd'hui l'on
préfère voir pendant des cen-

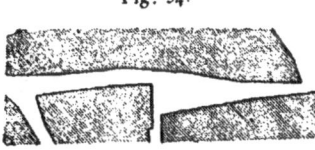

Fig. 54.

BRUGES. Rue Saint-Amand.

taines de mètres le même clocher qui se dresse comme un
beau dessin au géométral à
l'extrémité d'une rue que l'on
désespère d'atteindre. L'inten-
tion de faire voir un édifice élancé ou un spectacle de
la nature est la raison d'être de bien des incurvations
de rues anciennes. Notons aussi en passant le petit nombre

Fig. 55.

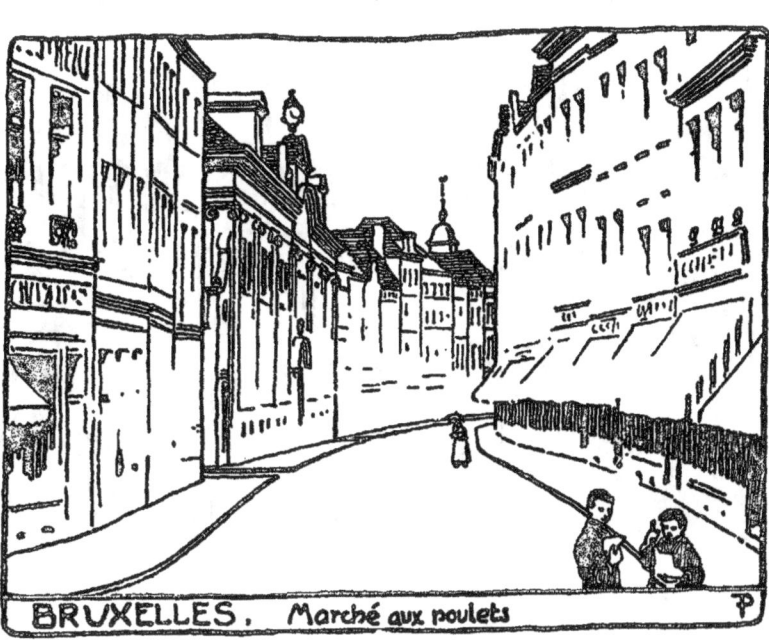

BRUXELLES. Marché aux poulets

de voies latérales qui débouchent dans la rue des
Pierres et l'absence de tout croisement de rues. Cela ne
serait certes pas possible de nos jours, mais ne trouverait-on

Fig. 56.

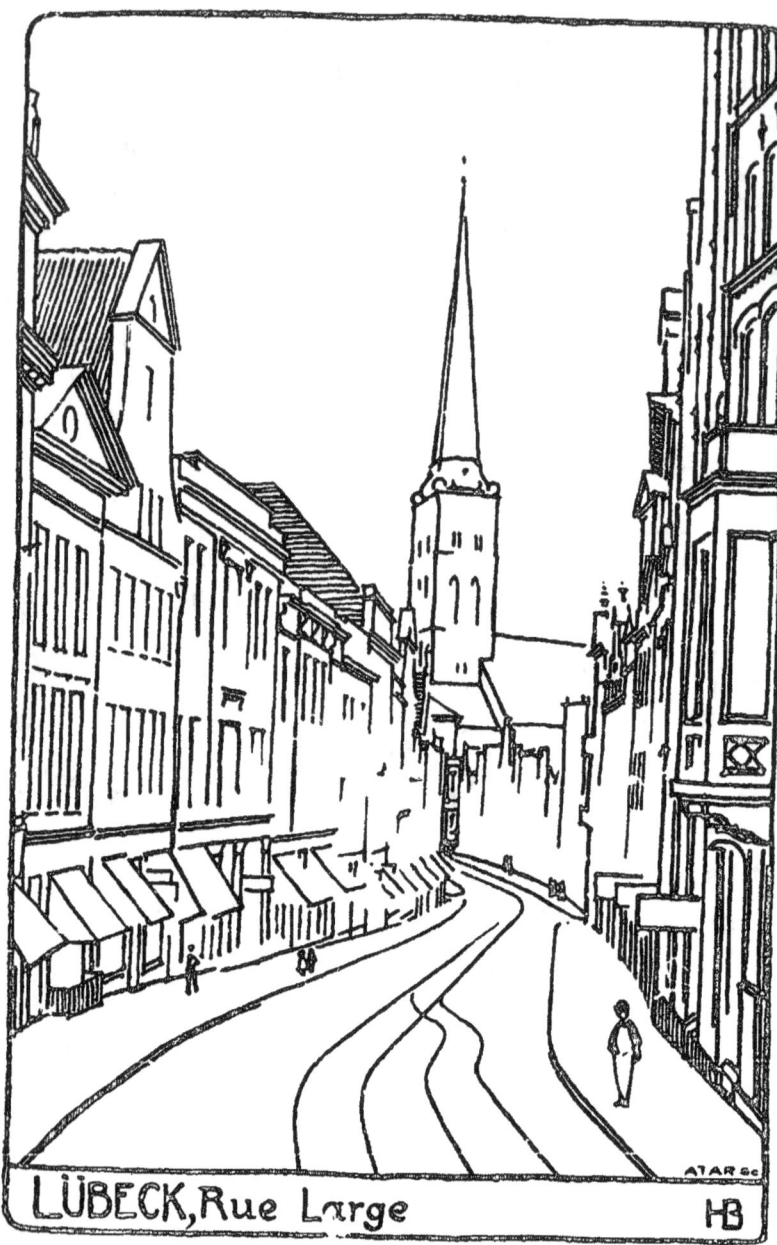

LÜBECK, Rue Large

pas un juste milieu entre cet idéal moyenâgeux et les
artères trop découpées de nos villes modernes.

La rue Saint-Amand (fig. 54), toujours à Bruges, est
remarquable par son élargissement de plus de 22 m. qui
lui donne un caractère bien à elle. On croit aujourd'hui
que le parallélisme des côtés des rues est la meilleure expression du beau idéal et en même temps la seule
manière de satisfaire les exigences pratiques de notre
temps. Cette variété dans leur ligne, à côté de son
charme pittoresque, pourrait cependant fort bien être
utilisée pour établir des stations de voitures ou des kios-
ques, que l'on ne sait souvent où placer sur nos trottoirs
de largeur uniforme. On peut aussi amener de la diversité
dans l'aspect d'une artère en incurvant l'un de ses côtés
tandis que l'autre reste droit, ou en donnant une forme
concave à ses deux lignes de façades.

Comment de simples maisons suffisent à constituer une
rue pittoresque si son cours est légèrement sinueux, la
rue du Marché-aux-Poulets de Bruxelles (fig. 55) nous le
fait voir. Ici, point de tour, point de beffroi, et pourtant un
tableau intime et caractéristique.

Dans la rue Large, à Lubeck (fig. 56), c'est un clocher
qui domine la rue entière. Il n'est pas, comme à la rue
des Pierres à Bruges, le point final ou initial de l'artère, il
fait partie de sa ligne de façades et par une charmante courbure il est amené un moment dans sa perspective pour disparaître ensuite. Est-il besoin de dire qu'une rue droite ne
peut offrir de tels points de vue. Tout ce qui fait partie de
son cadre n'est vu qu'en un raccourci indistinct et jamais
un édifice ne peut la commander comme le fait la tour de
l'église de Lubeck.

L'influence de la Renaissance se fit aussi sentir dans le
dessin des rues. Les voies romaines étant droites, les

artistes de la Renaissance en revinrent donc à la rue droite, correcte et classique. Elle offre un champ d'étude beaucoup plus restreint, sa perfection dépendant surtout d'une bonne proportion entre sa longueur et sa largeur, du genre d'édifices qui la composent et de sa conclusion monumentale. Si nous n'y consacrons que quelques lignes, il n'en faut pas déduire que nous cherchons à combattre son emploi. Les voies droites sont aujourd'hui nécessaires, elles sont souvent d'un effet très grandiose. Ce que nous condamnons, c'est leur emploi machinal, de parti pris, sans s'inquiéter de la configuration du terrain ni d'autres circonstances locales. Si la ligne ondulée est plus pittoresque, la ligne droite est plus monumentale ; mais nous ne pouvons pas vivre de monumentalité seulement, et il serait à désirer que les constructeurs de villes modernes n'abusent pas plus de l'une que de l'autre, mais s'en servent à propos pour donner aux quartiers qu'ils dessinent un aspect conforme à leur destination.

VIII

QUELQUES EXEMPLES DE PLACES

USQU'ICI nous avons étudié surtout les plans des villes italiennes, dont chacun reconnaît la beauté classique. Leurs types parfaits ont-ils pu être simplement reproduits dans les autres pays? La question est problématique. Le climat, la manière de vivre, le genre d'habitation et la façon de bâtir y étant différents, il semble que les rues et les places devaient s'y transformer en conséquence. Elles ne peuvent certes plus imiter les modèles de l'antiquité, car les changements qui se sont opérés depuis lors dans tous les domaines sont trop importants. Nous ne pourrions plus, même en revenant au polythéisme, élever cinq à six temples ou davantage autour d'un seul forum, comme le faisaient les anciens. Nos maisons sont aussi différemment bâties ; elles dérivent de la « halle » couverte des pays du Nord, percée de nombreuses fenêtres donnant sur la voie publique. Il nous faut donc d'autres places et d'autres rues qui satisfassent à nos besoins. D'ailleurs, au Moyen âge et a la Renaissance, l'influence de la maison germaine a changé la forme des habitations même au sud des Alpes. Le « cortile » entouré d'arcades y est bientôt devenu le seul souvenir de la maison antique. Pour la même raison, le type exact du forum ne s'est pas non plus conservé, car les habitants de l'Italie avaient adopté une manière

Fig. 57.

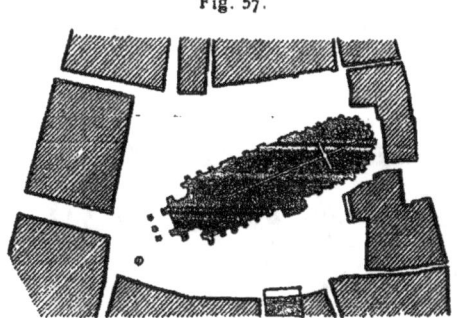

FRIBOURG-EN-BRISGAU. Cathédrale.

de vivre nouvelle plus semblable à celle des autres peuples de l'Europe. Ainsi la différence qui existe entre les constructions de l'Antiquité et celles de la Renaissance, tant au sud qu'au nord des Alpes, est-elle bien plus grande qu'entre le Gothique français ou allemand et le Gothique italien, entre la Renaissance française ou allemande et la Renaissance italienne. Là où le contraste entre les usages des pays du Nord et de ceux du Midi est le plus marqué, c'est dans la manière de situer les églises et de disposer les places qui les entourent.

Fig. 58.

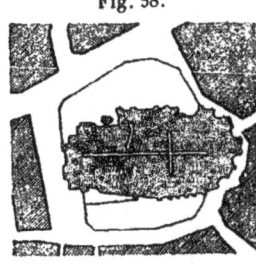

BRUGES
Cathédrale Saint-Sauveur.

Les cathédrales du Nord sont assez fréquemment isolées, sinon au milieu d'une place, du moins de telle sorte qu'elles sont séparées des autres bâtiments par une ceinture complète de ruelles. Dans les grandes villes, cela n'est le cas que d'une ou deux églises principales, car l'on y rencontre en outre un grand nombre d'édifices religieux de moindre importance, adossés à d'autres constructions. L'isolement de ces cathédrales est généralement motivé par l'existence antérieure d'un cimetière, au milieu duquel s'élevait le sanctuaire, ainsi qu'on le voit encore de nos jours dans bien des villages.

Dans ce genre, citons comme exemple le dôme de Fribourg - en - Brisgau (fig. 57), la Frauenkirche à Munich, l'église Saint-Etienne à Beauvais, la cathédrale Saint-Sauveur (fig. 58) et l'église Notre-Dame à Bruges.

Partout où le cimetière fait défaut, l'église est adossée à d'autres constructions, à la manière italienne, surtout à l'épo-

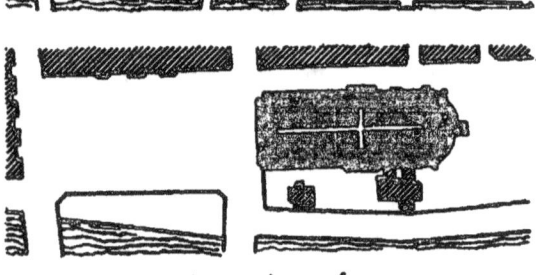

Fig. 59.
Situation primitive.

PARIS. Notre-Dame.
Situation actuelle.

que de la Renaissance et dans les temps plus modernes où les cimetières ne s'étendent plus au centre des villes.

Les édifices qui, dans les pays du Nord, sont isolés, ne le sont donc qu'à demi, et cela diffère déjà de nos habitudes modernes. La situation type du dôme gothique est la suivante : derrière le chœur et le long des bas côtés, les maisons voisines s'élèvent, séparées du sanctuaire seulement par une étroite ruelle. Devant le portail principal, il faut un certain espace pour mettre en valeur la façade et les deux tours symétriques. On croit à tort de nos jours qu'une cathédrale gagne à avoir un parvis très étendu.

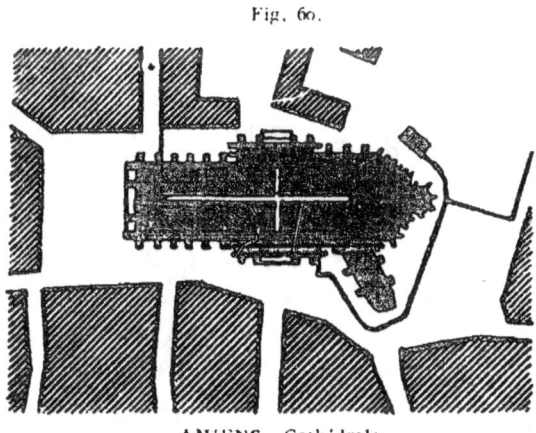

Fig. 60.

AMIENS. Cathédrale.

L'exemple de Notre-Dame de Paris (fig. 59) est propre a montrer l'erreur de ceux qui soutiennent cette opinion. L'effet de son imposante façade est bien moins grand qu'il n'a dû l'être lorsque les alentours de l'édifice n'avaient pas encore été dégagés et que son parvis avait une étendue bien plus restreinte qu'aujourd'hui. Souvent une rue aboutit dans la direction du portail principal afin de ménager une perspective sur ce motif grandiose. Quelle impression de majesté produisent maintes cathédrales si cette rue n'est ni trop longue ni trop large !

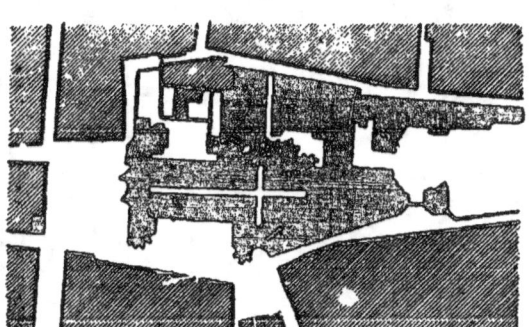

Fig. 61.

ROUEN. Cathédrale.

La vue de la cathédrale de Strasbourg prise de la rue Mercière (fig. 62) en est le témoignage. Des perspectives analogues ont été ménagées sur les portails des

Fig. 62.

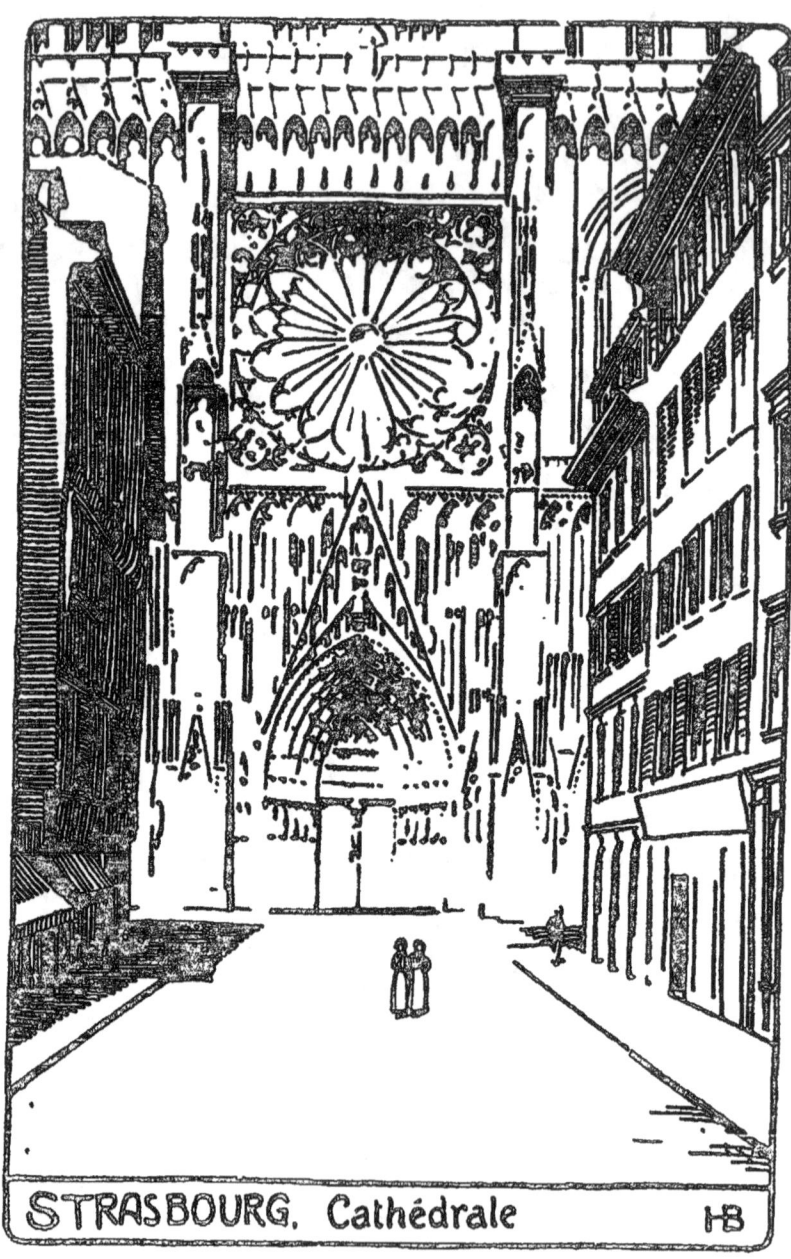

STRASBOURG. Cathédrale

HB

transepts à Amiens (fig. 60) et à Rouen (fig. 61). On s'est
efforcé de faire de même à Nuremberg, à Saint-Sebald
et à Saint-Laurent, autant que le permettaient l'étroitesse
et la sinuosité des rues. La façade latérale d'un dôme
gothique doit être traitée tout différemment de la façade
principale. Sa silhouette, plus mouvementée, s'élève graduellement des chapelles basses du chœur au sommet
des hauts clochers. Le seul centre de symétrie des bas
côtés n'est pas en leur milieu. L'architecture extérieure
d'une cathédrale ne faisant que
traduire la forme intérieure de
la nef, elle ne supporte pas d'être
vue du haut en bas à une grande
distance. Même sur le papier,
pour représenter la façade latérale d'une église avec ses tours,
on est obligé de négliger toute
la partie supérieure du clocher
afin d'obtenir un dessin bien
ordonné. Une vue au géométral

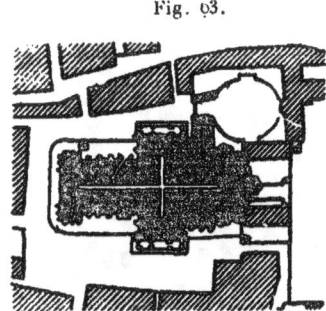

Fig. 93.

CHARTRES. Cathédrale.

complète n'aurait pas bonne apparence. Les cathédrales
gothiques ont donc avantage à être entourées de trois côtés
de rues étroites. Il suffit qu'une large voie conduise à leur
entrée principale les processions et la foule des fidèles.
Qu'on se représente un vénérable sanctuaire gothique
transporté au milieu d'une place d'exercice immense, et
l'on se rendra compte, même en imagination, que l'effet
puissant et caractéristique de l'édifice serait ainsi réduit à
néant. La vue de l'Eglise votive de Vienne et de la cathédrale de Cologne convaincra les gens les plus sceptiques
de la vérité de ce fait. La cathédrale Saint-Etienne, à
Vienne, transportée sur la place de l'Eglise votive ne
donnerait pas du tout la même impression de mystère,

tandis que celle-ci, mise dans le cadre de la cathédrale de Strasbourg ou de celle d'Amiens, produirait un effet bien plus grand que dans son entourage actuel si défavorable.

Dans les pays non italiens, on retrouve donc le principe

Fig. 64.

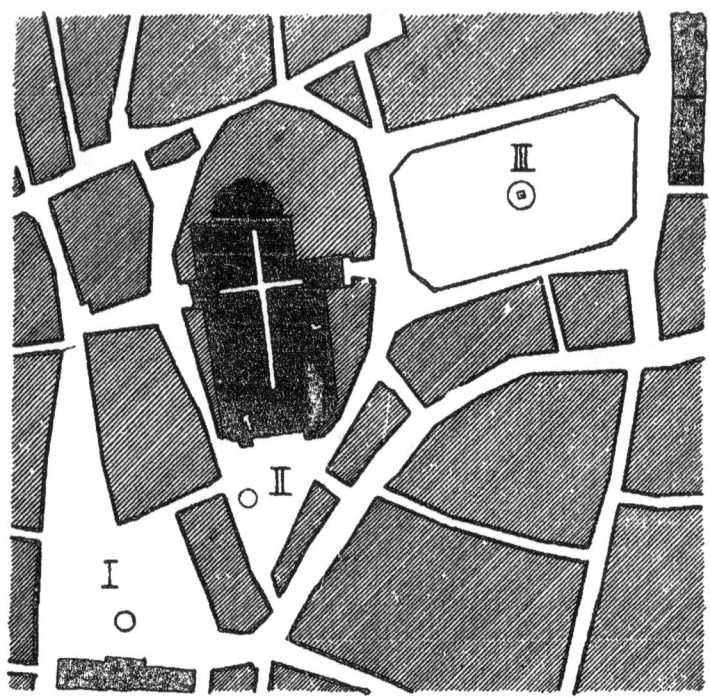

ANVERS

I. Grand'Place.   II. Marché aux gants.   III. Place Verte.

d'adosser les églises à d'autres bâtiments, quoi qu'il soit peut-être différemment appliqué.

A Paris l'on peut citer, en fait d'églises restées adossées à d'autres bâtiments, malgré de nombreux percements de rues : Saint-Germain-des-Prés, Saint-Séverin, la Sainte-Chapelle, Saint-Merry, Saint-Eustache, l'église du

Val-de-Grâce, celle de la Sorbonne, Saint-Gervais, etc. A Rouen la cathédrale (fig. 61) et Saint-Maclou. A Chartres la cathédrale (fig. 63), Saint-Aignan et Saint-Pierre. A Anvers la cathédrale (fig. 64). A Strasbourg, 12 églises y compris la cathédrale (fig. 69) et Saint-Thomas (fig. 65); de même à Mayence les vieilles églises et le Dôme, à Bamberg, à Francfort-sur-le-Mein, etc.

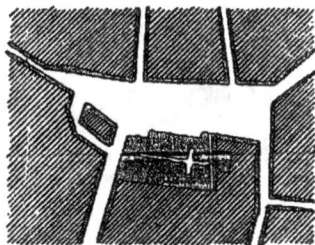

Fig. 65.

STRASBOURG. Saint-Thomas

L'isolement des édifices religieux est aussi dans le Nord une exception et l'on en reconnaît la cause (existence d'un cimetière) à la forme arrondie de la place de l'église, fait autrement inexplicable et qui se rencontre particulièrement dans les villes de l'Allemagne du Nord. Ceci d'ailleurs n'infirme pas le principe que nous avons posé précédemment, car les églises anciennes ne s'élèvent jamais au milieu de leurs places, le centre géométrique de leur plan ne coïncide jamais avec celui de la place. Cet usage moderne, aussi pédant que dépourvu de sens, s'est introduit avec l'emploi exagéré du compas et de la règle. Il n'a en réalité pas d'autre résultat que de réduire d'emblée l'effet des édifices et des places à sa plus petite mesure. Bien des exemples nous montrent combien nos prédécesseurs pensaient différemment à ce sujet.

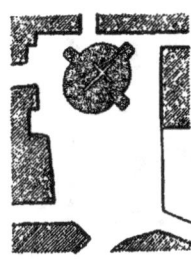

Fig. 66.

FRANCFORT-s.-l.-M.
Place Saint-Paul.

L'église Saint-Paul, à Francfort-sur-le-Mein (fig. 66), est isolée, mais elle est si bien reculée dans le coin de la place qu'elle semble presque être adossée aux bâtiments qui l'entourent. L'église Saint-Sulpice, à Paris (fig. 67), est entourée de trois côtés de rues, mais leur largeur est bien minime en comparaison de celle de la place qui s'étend devant sa façade principale. Il en est de même du dôme de Ratisbonne (fig. 68) dont les différentes façades dominent des places ou des rues de forme appropriée à leur but. Le système italien, selon lequel les trois côtés d'un

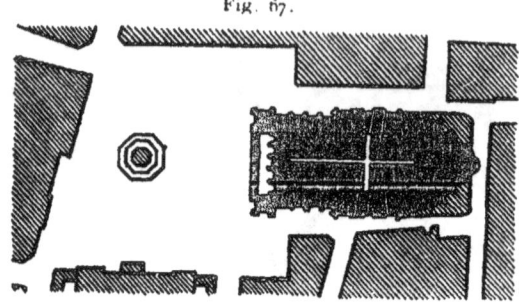

Fig. 67.

PARIS. Place Saint-Sulpice.

édifice monumental servent à former des places distinctes, se retrouve à la cathédrale de Strasbourg (fig. 69) et à celle de Constance.

Les plans de villes que nous avons reproduits jusqu'ici prouvent suffisamment que les anciennes places du nord de l'Europe ne diffèrent point de celles d'Italie quant à leur forme et à leurs dimensions et qu'elles présentent les mêmes irrégularités (fig. 70).

Dans les places de marché ou grandes places dont l'hôtel de ville fermait généralement l'un des côtés, les principes que nous avons étudiés sont encore plus évidents. De nom-

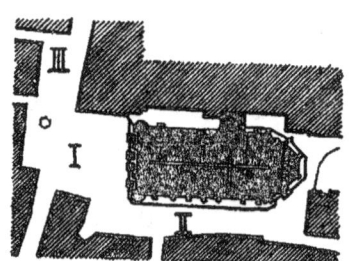

Fig. 68.

RATISBONNE
I. Place du Dôme. II. Rue du Dôme.
III. Marché aux herbes.

breux bâtiments publics sont réunis autour de ce centre de la vie communale qui avait souvent une grande étendue.

La grand'place à Bruges (fig. 71) a une superficie de plus d'un hectare ; son état actuel ne peut donner qu'une faible idée de ce qu'elle était autrefois, au temps de la prospérité de la ville. Il ne reste plus aujourd'hui que le

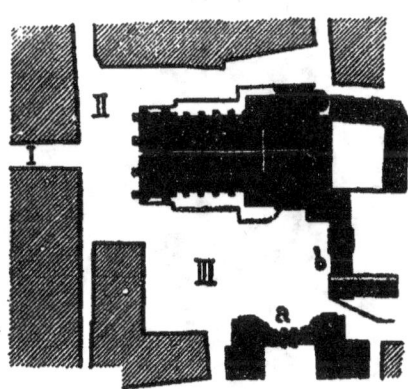

Fig. 69.

STRASBOURG

I. Rue Mercière.   II. Place du Dôme.
III. Place du Château.
a. Château de Rohan.   *b*. Lycée.

bâtiment des halles avec son beffroi et quelques maisons plus ou moins restaurées. La place du Bourg (fig. 71), qui communique avec la précédente, a aussi beaucoup perdu de sa splendeur de jadis. On y voit encore la chapelle du Saint-Sang, l'Hôtel de Ville et le Palais de Justice. Nous avons reproduit ici une partie importante du plan de Bruges (fig. 71) pour montrer quelle variété de places il renferme sur un petit espace de terrain. En quittant la place du Bourg, on passe successivement par cinq places de forme et d'aspects différents avant d'arriver au canal.

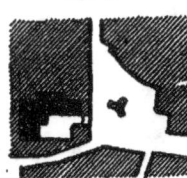

Fig. 70.

ROUEN
Place de la Pucelle.

Ce sont les marchés qui, dans la plupart des villes, déterminaient la création des places. Souvent chaque denrée avait un lieu de vente différent, le nom de bien des places de Bruxelles ou de Strasbourg, en est encore aujourd'hui le témoignage. Outre la grand'place, ou place de l'Hôtel de Ville, comme celle de Beauvais ou de Bruxelles, on rencontre souvent des marchés aux œufs, aux herbes, au poisson, servant à des buts spéciaux. Malheureusement bien des places de marché d'autrefois sont encombrées de nos jours par des halles de fer, ainsi

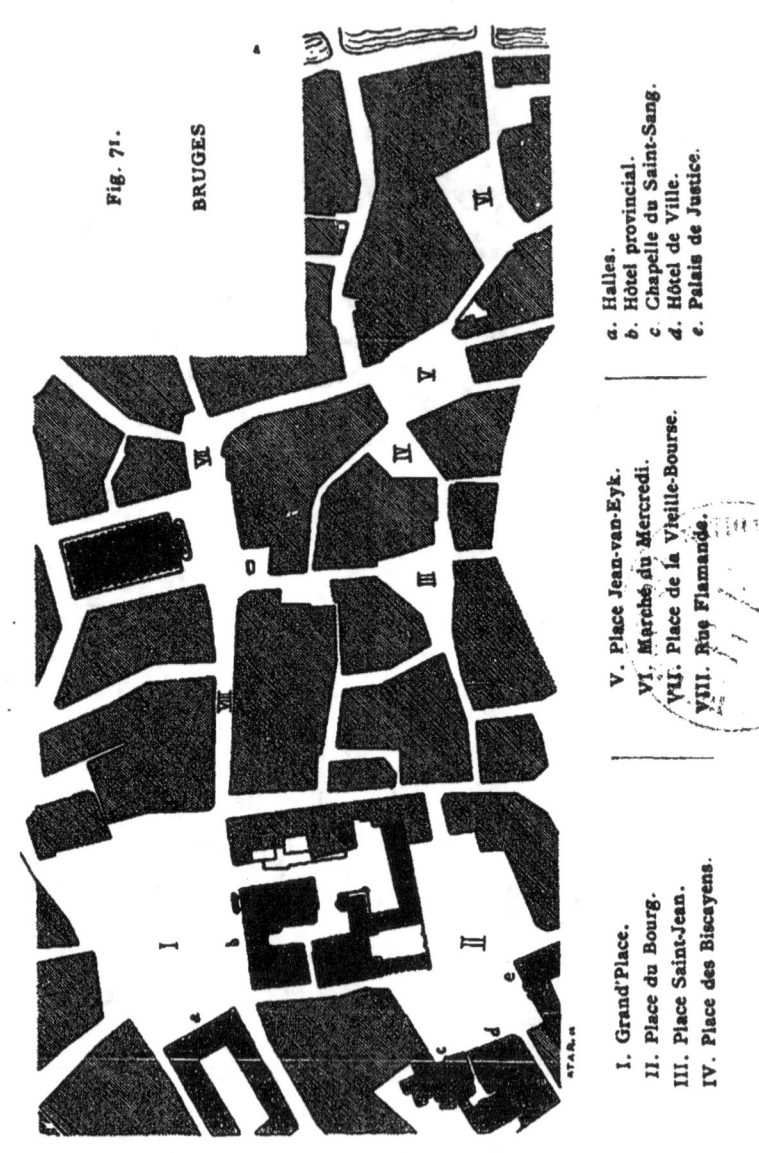

Fig. 71.

BRUGES

I. Grand'Place.
II. Place du Bourg.
III. Place Saint-Jean.
IV. Place des Biscayens.

V. Place Jean-van-Eyk.
VI. Marché du Mercredi.
VII. Place de la Vieille-Bourse.
VIII. Rue Flamande.

a. Halles.
b. Hôtel provincial.
c. Chapelle du Saint-Sang.
d. Hôtel de Ville.
e. Palais de Justice.

qu'à Rouen, qui les déparent à tout jamais. — A côté des
places de marché, il faut citer les places d'apparat ou de
parade, que nous rencon-
trerons surtout dans les
époques plus modernes. La
place Kleber à Strasbourg
(fig. 72) a servi jadis de
place d'exercice. Sans posséder de monuments im-
portants, elle a certes un
cachet spécial dû à ses
bonnes proportions et à

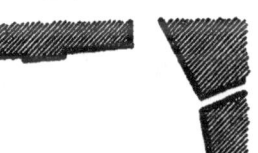

Fig. 72.

STRASBOURG. Place Kleber.

son cadre ininterrompu de maisons.

A Brunswick (fig. 73), l'on voit une intéressante combinaison de places et d'édifices. L'église Saint-Martin s'élève
d'un côté avec une
place profonde de-
vant sa façade prin-
cipale et une place
allongée le long de
sa façade latérale,
tandis que le vieil
hôtel de ville, ados-
sé à d'autres bâti-
ments, domine le
marché. Au mépris
de ces modèles, le
nouvel hôtel de
ville a été bâti plus
loin, au milieu

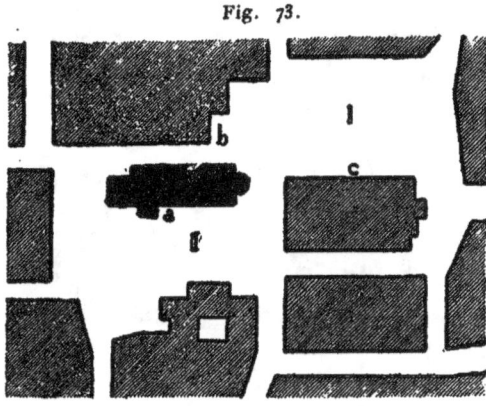

Fig. 73.

BRUNSWICK

a. Eglise Saint-Martin.   b. Vieil Hôtel de Ville.
c. Halle aux draps.
I. Place du Marché.   II. Place Saint-Martin.

d'une parcelle, sans liaison aucune avec d'autres constructions. La halle aux draps est entourée de places dont le
dessin est approprié à la façade qui les domine. Cet

ensemble grandiose est formé de parties intimement liées les unes aux autres. L'effet de chaque place et de chaque édifice est ainsi beaucoup plus considérable. L'hôtel de ville de Cologne (fig. 74), sur la place du Vieux Marché, est adossé de deux côtés à d'autres bâtiments et il commande deux places distinctes. A Lubeck (fig. 75) l'hôtel de ville est également distant du marché et de la cathédrale.

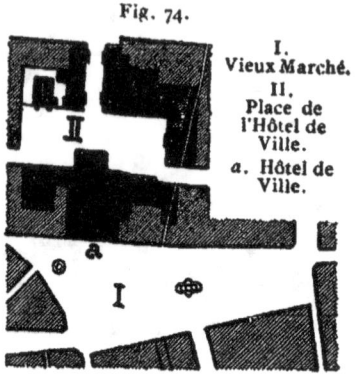

Fig. 74.

I.
Vieux Marché.
II.
Place de
l'Hôtel de
Ville.

a. Hôtel de
Ville.

COLOGNE

Ces exemples pourraient être multipliés à l'infini. Que dans leur nombre il se trouve parfois des rues qui ne débouchent pas selon les règles, cela ne doit pas nous étonner, car il fallait toujours se plier aux circonstances. Cependant, même dans les cas les plus défavorables, ces places forment un ensemble bien mieux encadré que nos places modernes déchiquetées et ouvertes de tous les côtés. C'était souvent grâce à la courbure des rues que le regard ne pouvait se perdre dans la perspective infinie d'une artère.

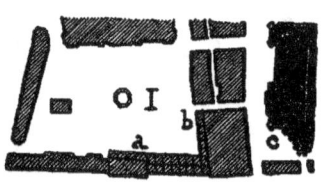

Fig. 75.

LUBECK
I. Place du Marché.
a. Hôtel de Ville. b. Bourse
c. Marienkirche.

On ne peut admettre que le plan du forum antique ait servi de modèle aux constructeurs de villes au nord des Alpes. C'est d'eux-mêmes qu'ils ont produit des créations procédant des mêmes principes, car ils choisissaient les solutions les plus naturelles. Et cela leur était d'autant plus facile qu'ils jugeaient sur les lieux de l'effet probable des constructions qu'ils voulaient élever et qu'ils disposaient ensuite celles-ci en conséquence.

Nos architectes dessinent souvent des projets destinés à des emplacements qu'ils n'ont jamais vus de leur vie. Ils sont condamnés à faire ainsi nécessairement œuvre banale. Car l'édifice projeté de façon à pouvoir se placer n'importe où s'élèvera fatalement au milieu d'une place vide sans être relié d'aucune façon à son entourage et sans que ses hauteurs d'étages s'accordent le moins du monde avec celles des bâtiments voisins. La fabrication des édifices à la douzaine d'après un modèle unique est le trait caractéristique de notre époque. Quel contraste avec les temps précédents ! Existe-t-il une place moderne qui puisse être comparée à celles qui entourent l'hôtel de ville de Brême (fig. 76). Une place autour de laquelle les anciens réunissaient tous leurs édifices importants donnait du caractère à toute une ville, quand même son effet ne s'exerçait qu'en un seul endroit.

Fig. 76.

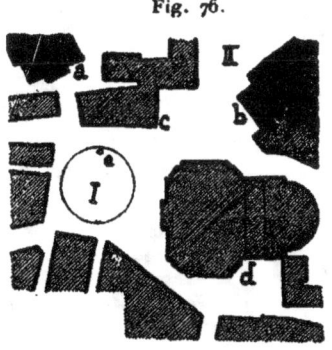

BRÊME

I. Place du Marché II. Place du Dôme.
a. Eglise N. Dame
b. Dôme. c. Hôtel de Ville. d. Bourse.
e. Statue de Roland.

La situation du dôme de Salzbourg (fig. 77) est toute italienne. En fait elle est l'œuvre d'artistes italiens (Scamozzi, Solari, etc.). Ici, ce qui est une rareté au nord des Alpes, une colonnade formée de deux rangées de piliers, à droite et à gauche du Dôme, sert à séparer les différentes places tout en conservant entre elles un libre passage. Chacune d'elles forme un tout distinct et la cathédrale est reliée avec avantage au palais épiscopal. Les exigences de l'art et les besoins de la vie journalière (accès facile des oratoires, etc.)

sont ainsi également satisfaits.

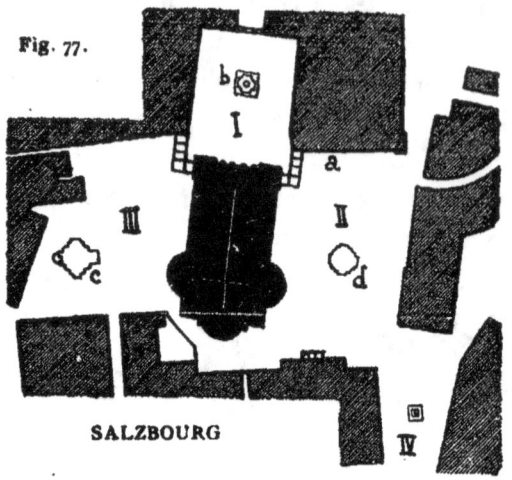

Fig. 77.

SALZBOURG

I. Place du Dôme.
II. Place de la Résidence.
III. Place du Chapitre.
IV. Place Mozart.

a. Résidence.
b. Colonne de Marie.
c. Fontaine.
d. Fontaine du Chapitre.

La seule grande place de Nuremberg (outre la place du marché) s'étend autour de l'église Saint-Eloi (fig. 78). Son analogie avec les places italiennes n'est pas pour nous étonner, puisque l'église elle-même est bâtie dans le style de ce pays. D'ailleurs on ne peut à proprement parler distinguer une forme de place italienne et d'autres non italiennes, mais plutôt des créations qui se rapprochent plus ou moins du forum antique.

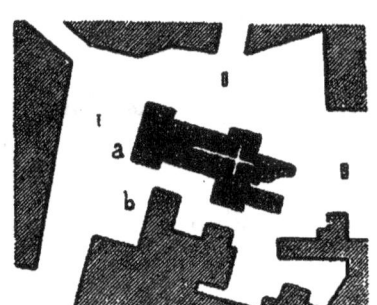

Fig. 78.

NUREMBERG. Place Saint-Eloi
a. Église Saint-Eloi.   b. Gymnase.

De même que l'art romain avait dû céder le pas aux styles du Moyen âge, de même ceux-ci, après avoir fleuri pendant plusieurs siècles, arrivèrent à leur déclin lorsqu'on se mit à imiter de nouveau les modèles antiques. On pourrait croire qu'avec la réapparition des colonnes et des entablements classiques, avec la rentrée triomphale des dieux de l'Olympe dans la poésie, la peinture et la sculpture, le type exact du forum romain serait aussi repris comme modèle. Il n'en fut cependant pas ainsi. L'ordonnance des rues et des places ne fut pas atteinte par le changement de style; celles-ci ne furent transformées que dans leur décor. Mais les éléments nouveaux qui modifièrent l'art de bâtir exercèrent aussi leur influence sur la

Fig. 79.

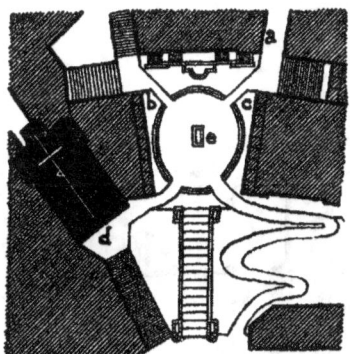

ROME. Place du Capitole.
a. Pal. del Senatore. b. Museo Capitolino.
c. Pal. del Conservatore.
d. S. Maria di Aracoeli.
e. Statue de Marc-Aurèle.

formation des places, cependant pas dans le sens antique. La peinture, la sculpture et l'architecture rivalisèrent dans l'étude des lois de la perspective. Un grand nombre de formules architectoniques, voire même des types nouveaux d'édifices, durent leur naissance à cette prédilection pour les effets puissants de perspective. Il ne suffisait pas aux artistes de cette époque d'épuiser dans leurs arrière-plans de tableaux toutes les ressources de cette nouvelle science, ils voulaient encore en chercher une application plus pratique. Il ne leur suffisait pas de créer un art nouveau de peindre les décors de théâtre, il fallait encore que l'architecte disposât ses édifices, ses monuments, ses fontaines, ses obélisques selon les mêmes règles. C'est alors que furent créées les grandes places fermées de trois côtés devant les édifices publics et les palais; c'est alors qu'on dessina des parterres géométriques, qu'on ménagea des points de vue sur des chefs-d'œuvre de la nature ou sur des

monuments et qu'on développa le motif des somptueuses
rampes d'accès devant les grands édifices. Le plan en fer
à cheval devint la caractéristique des constructions de cette
époque. Toutes ces formes d'art sont nouvelles, elles
sont la propriété exclusive de leur temps, car elles doivent
leur naissance à l'étude des lois de la perspective qui

Fig. 80.

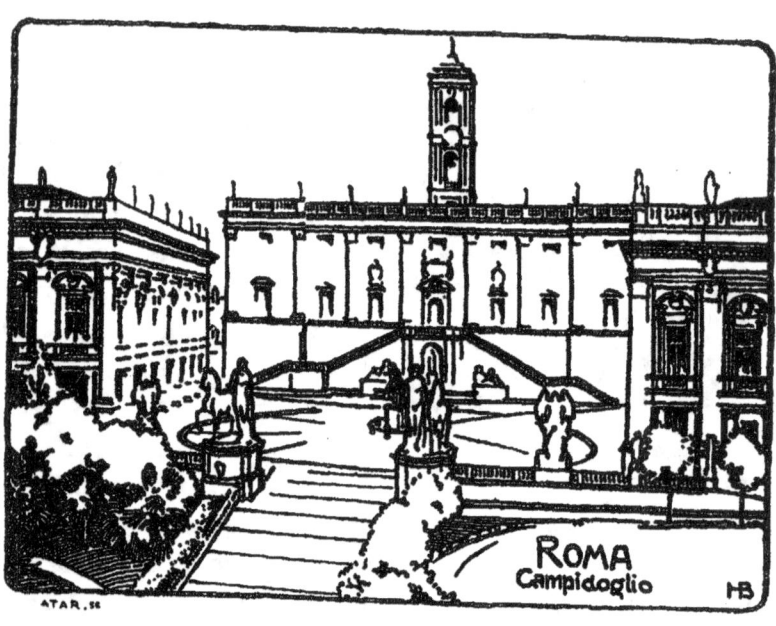

venaient de se préciser. L'histoire de l'art est riche en
exemples fameux de cette époque. Souvent la beauté de la
place, la parfaite ordonnance de l'ensemble, le talent avec lequel sont groupés les motifs secondaires dépassent la
valeur artistique des édifices eux-mêmes. Les règnes de
Louis XIV et de Louis XV ont marqué l'apogée de ce
nouvel art de bâtir les villes. Il va sans dire qu'à l'époque
de la Renaissance des créations analogues ont déjà vu le
jour : toute invention n'est que le résultat de nombreux

Fig. 81.

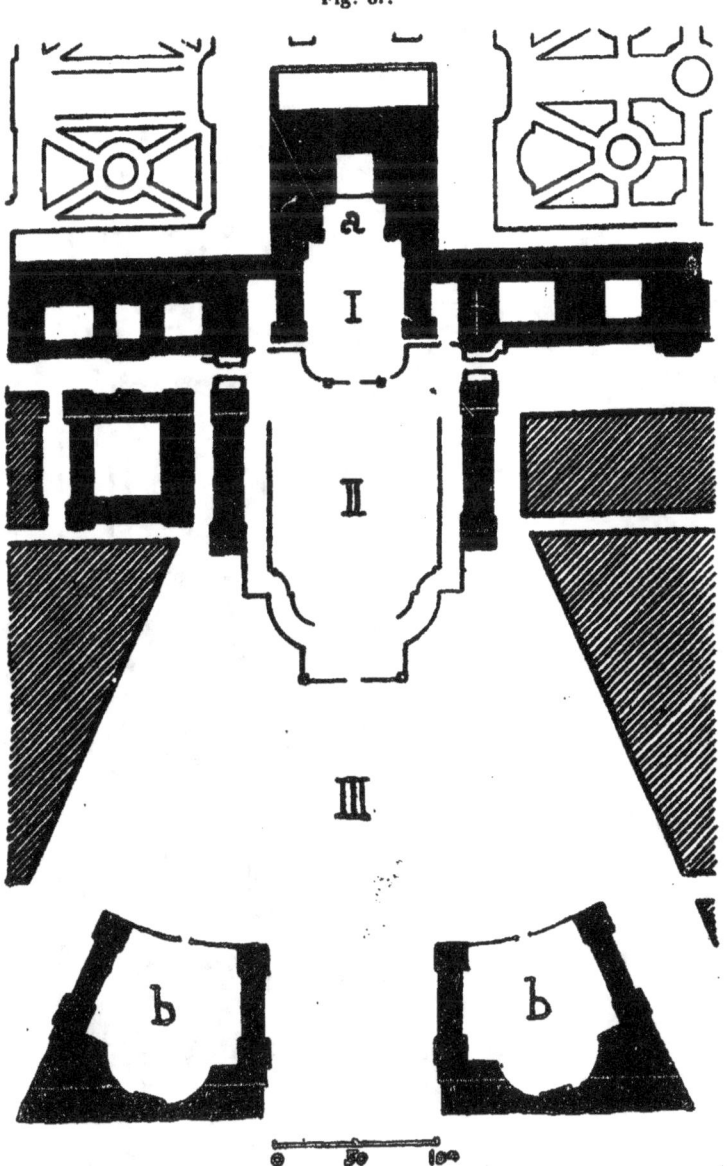

VERSAILLES

I. Cour de Marbre.   II. Cour Royale.   III. Place d'Armes.

a. Château.   b. Écuries.

Fig. 82.

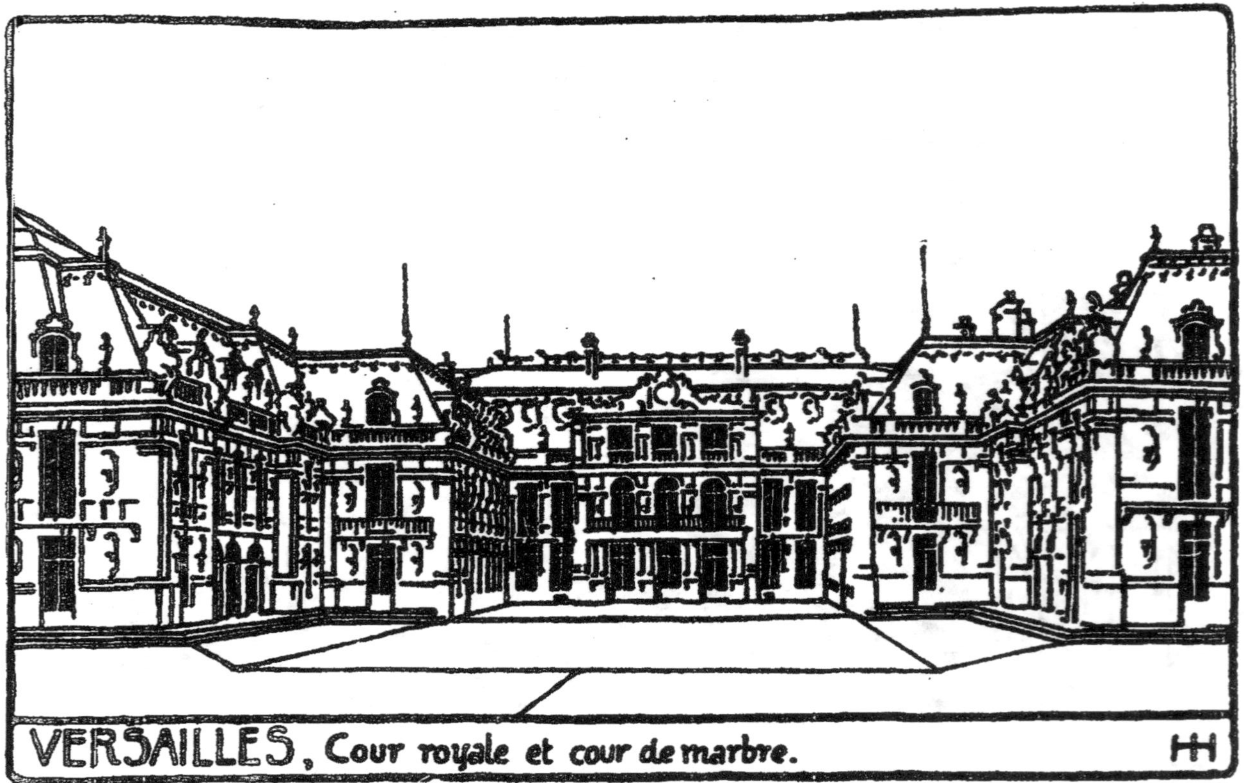

VERSAILLES, Cour royale et cour de marbre.

essais. Ce qui est fait pour nous étonner davantage, c'est l'oubli presque complet dans lequel semblent être tombés les principes de cette époque.

Parmi les premiers exemples de places fermées de trois côtés, citons la place du palais Pitti à Florence et celle du Capitole à Rome (fig. 79 et 80), commencée en 1536 d'après les plans de Michel-Ange. Son ordonnance utilise admirablement la configuration accidentée du terrain ; ses dimensions restreintes et son rétrécissement vers le fond constituent un cadre parfaitement proportionné à la statue de Marc-Aurèle.

Ces places diffèrent de celles des époques précédentes en ce qu'elles ont été créées d'un seul jet sur le papier. Elles ne se sont pas développées peu à peu selon les circonstances. Il a fallu souvent briser et renverser des quartiers existants pour les établir tant bien que mal au milieu du plan d'une ville déjà bâtie. Conçues raisonnablement, sur des planches à dessin, ces créations ont cependant une grande valeur artistique. Ce n'est donc pas ce procédé en lui-même qui doit être rendu responsable de la banalité de nos rues et de nos places actuelles. Seulement la ligne droite et les systèmes géométriques qui découlent de son emploi ne doivent pas être un but. Dans les œuvres du XVIIe et du XVIIIe siècles, tout est étudié de façon à produire en réalité un bon résultat. La recherche d'effets de perspective et l'habile disposition des places sont une des forces de ce style et quand même il ne suit pas à la lettre les principes de l'Antiquité, il faut lui reconnaître une maîtrise particulière dans l'art de construire les villes.

L'idée de perspective théâtrale trouve son application la plus évidente dans les châteaux, les couvents et tous les édifices formés d'un ensemble de bâtiments nombreux.

La disposition du château de Versailles (cour d'honneur, place d'armes) (fig. 81 et 82) se retrouve au château de Coblence, au Zwinger à Dresde (fig. 91) et à d'autres endroits encore, souvent sur un mode plus simple. La manière dont sont arrangés les différents corps de bâtiments de la résidence de Wurzbourg (fig. 83), comme d'ailleurs à Versailles, est instructive ; elle diffère fort des procédés modernes.

Aujourd'hui, tout ensemble considérable de bâtiments, groupés autour de cours grandes et petites, est disposé selon une variante de la fig. 83 : au centre de l'édifice une grande cour et des deux côtés deux cours plus petites. Ce genre de plan est fort apprécié de nos jours. Qu'est-ce qui le distingue des créations des siècles précédents ?

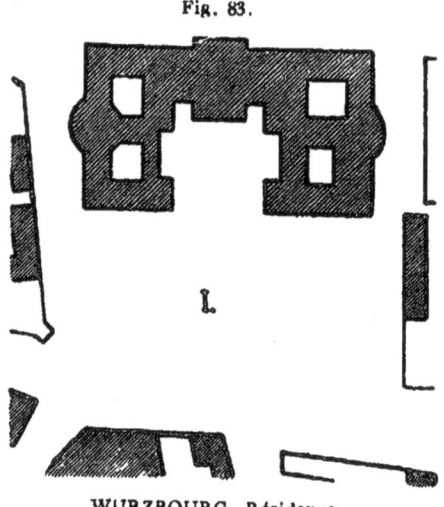

Fig. 83.

WURZBOURG. Résidence.

La grande cour (souvent plus grande qu'une place ordinaire) appartient à l'intérieur de l'édifice qui, vu du dehors, donne l'impression d'un bloc massif. Ce n'est pas la faute de l'architecte, car l'espace lui était assigné d'avance par un plan de situation donné. Il en était tout autrement autrefois. L'un des côtés de la cour étant ouvert, son architecture pouvait être admirée de tous, car elle était ainsi incorporée à la ville. De quel côté est l'avantage ? De nouveau en faveur des anciens maîtres. La faute en est plus à l'usage qu'aux architectes actuels. Combien dans un cas semblable l'effet de l'édifice pourrait être

Fig. 84.

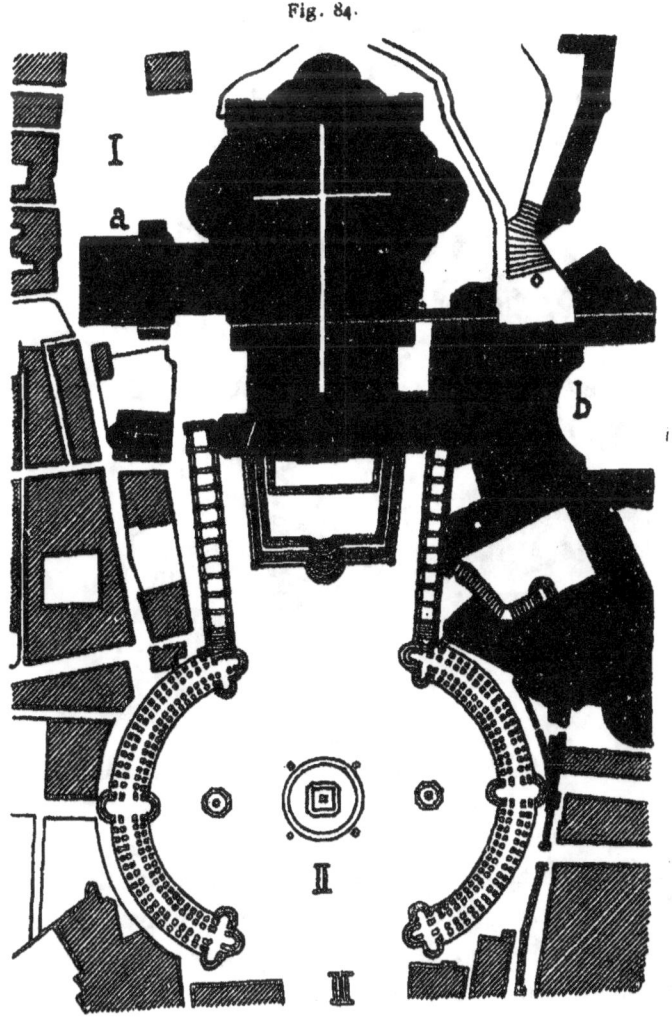

ROME

I. Piazza della Sagrestia.   II. Piazza di S. Pietro   III. Piazza Rusticucci.

a. Sacristie.   b. Palais du Vatican.

augmenté si le constructeur jouissait d'une plus grande
liberté dans le choix de l'emplacement !

Les châteaux ont été maintes fois le noyau autour duquel
s'est développée une ville importante. C'est à l'inspiration
d'un prince qu'est d'ailleurs souvent dû l'établissement de
bien des places des temps modernes. Surtout à Rome,

Fig. 85.

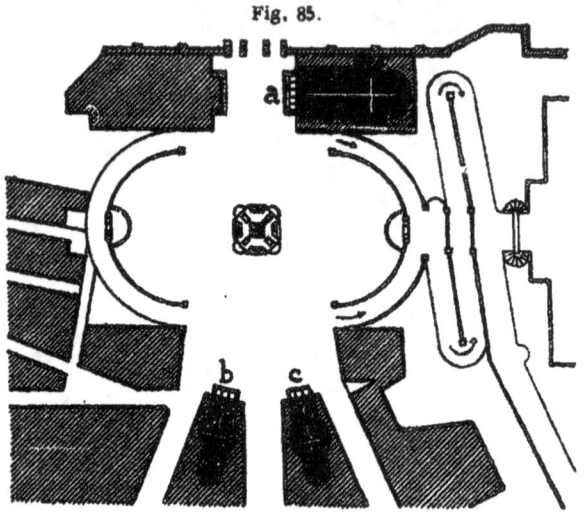

ROME. Piazza del Popolo.
a. S. M. del Popolo.   *b*. S. M. dei Miracoli.   *c*. S. M. del Monte Santo.

admise de bonne heure au rang de grande ville, on créa
des places suffisamment vastes pour contenir des foules
considérables. Ces places méritent toute notre attention,
car quoique s'adaptant déjà aux exigences modernes, elles
appartiennent encore à une époque artistique remarquable.
La piazza di S. Pietro (frontispice et fig. 84) en est l'exemple le plus important. Sa forme caractéristique, en ellipse,
est essentiellement romaine ; elle se retrouve à Rome à
plusieurs endroits et doit sans doute descendre en ligne
directe de la forme des cirques et des amphithéâtres

antiques, que bien des places modernes ont imités ou
même, ainsi que la piazza Navone, remplacés. Rappelons aussi la forme circulaire de la gigantesque piazza del Popolo (fig. 85), véritable rond-point moderne, mais qui par l'importance donnée aux deux principales voies d'accès est une grande œuvre d'art. De Rome ce type de place se répandit dans toute l'Italie et plus loin encore. La piazza del Plebiscito à Naples et la piazza S. Nicolo à Catane (fig. 86), dont l'un des

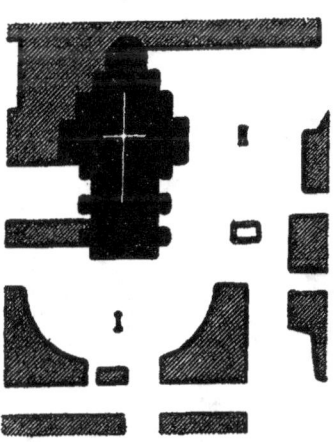

Fig. 86.

CATANE. S. Nicolo.

côtés est arrondi, en sont des exemples.

A Paris, l'une des places les plus anciennes créées d'un seul jet est la place des Vosges, anciennement place Royale (fig. 87), entourée de maisons de même style, ajourées d'arcades. La fig. 87 montre l'état primitif de la place, alors qu'elle n'était pas encore un paisible square et qu'elle servait surtout de cadre à la statue du roi Louis XIII.

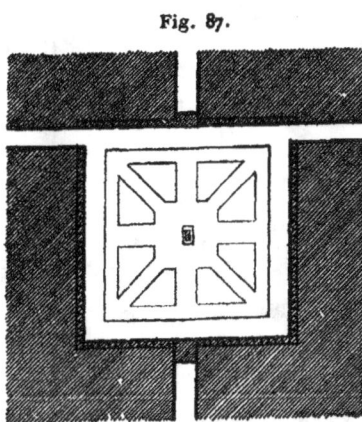

Fig. 87.

PARIS. Place des Vosges

L'époque de Louis XIV a vu se construire la place des Victoires et la place Vendôme, autrefois Louis-le-Grand, dessinées l'une et l'autre par Mansard. Leur plan n'offre pas grand intérêt ; il prête même à la critique et c'est plutôt par leur décor qu'elles sont dignes de remarque.

La place de la Concorde (fig. 88) n'a pas reçu d'emblée sa forme définitive. Gabriel en avait cependant fait un plan d'ensemble en 1765 ; mais ce n'est que de 1836 à 1838 qu'elle fut achevée telle qu'on la voit actuellement. Ce carré de 250 m. n'est bordé que d'un seul côté d'édifices. Il est limité en outre, il est vrai, par les arbres des Champs-Elysées et par l'enceinte du jardin des Tuileries. Mais cette place diffère cependant de la plupart de celles que nous avons étudiées jusqu'ici en ce

Fig. 88.

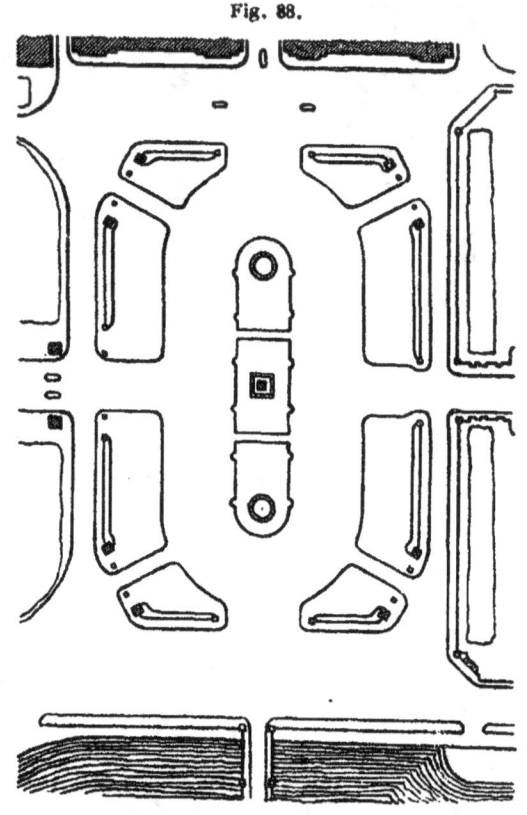

PARIS. Place de la Concorde.

qu'elle est plus ouverte. De tous côtés des perspectives grandioses s'offrent aux regards et la balustrade monumentale avec les charmants pavillons d'angle élevés à la gloire des villes françaises ne suffisent pas à l'encadrer complètement. Cependant, par sa situation, son décor et la richesse de son ornementation, elle passe avec raison pour une des plus belles places du monde. — C'est à peu près de la

même époque que date la
place Stanislas à Nancy (fig.
89 et 90), bâtie de 1752 à
1756, d'après les plans de
Héré. Elle forme un qua-
drilatère à pans coupés fermé de trois côtés par l'hôtel
de ville et des palais de même
style et du quatrième par
des maisons moins élevées qui,
réunies par un arc de triomphe,
servent de transition entre la
place Stanislas et celle de la Carrière. Celle-ci, contrastant avec
la première par sa forme allongée,
a existé dès le XVI⁵ siècle, mais
fut amenée plus tard à son état
actuel. Cet ensemble de places est
complété par l'hémicycle de la
Carrière, dominé par l'hôtel du
Gouvernement et entouré de colonnades. Notons le rôle que
jouent les grilles en fer forgé dans
la clôture de la place Stanislas.
Elles ferment ses quatre pans
coupés, ainsi que les rues Stanislas et Sainte-Catherine et
complètent ainsi admirablement
son cadre.

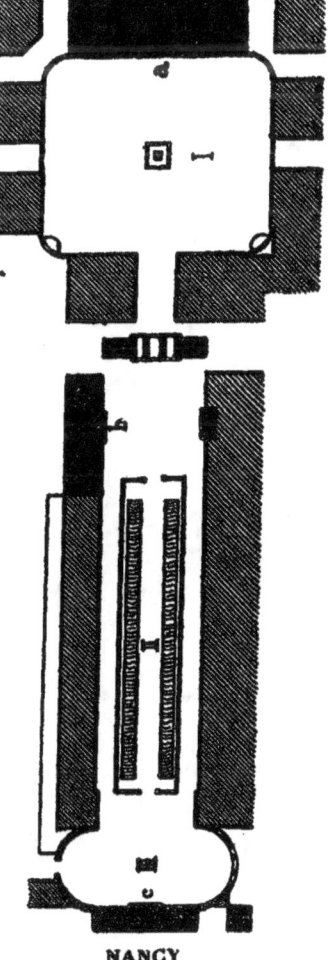

Fig. 89.

NANCY
I. Place Stanislas.
II. Place de la Carrière.
III. Hémicycle.
a. Hôtel de Ville.
b. Palais de Justice.
c. Palais du Gouvernement.

En Allemagne, une place intéressante à étudier est celle du
Zwinger à Dresde (fig. 91). Cette construction fastueuse

Fig. 90.

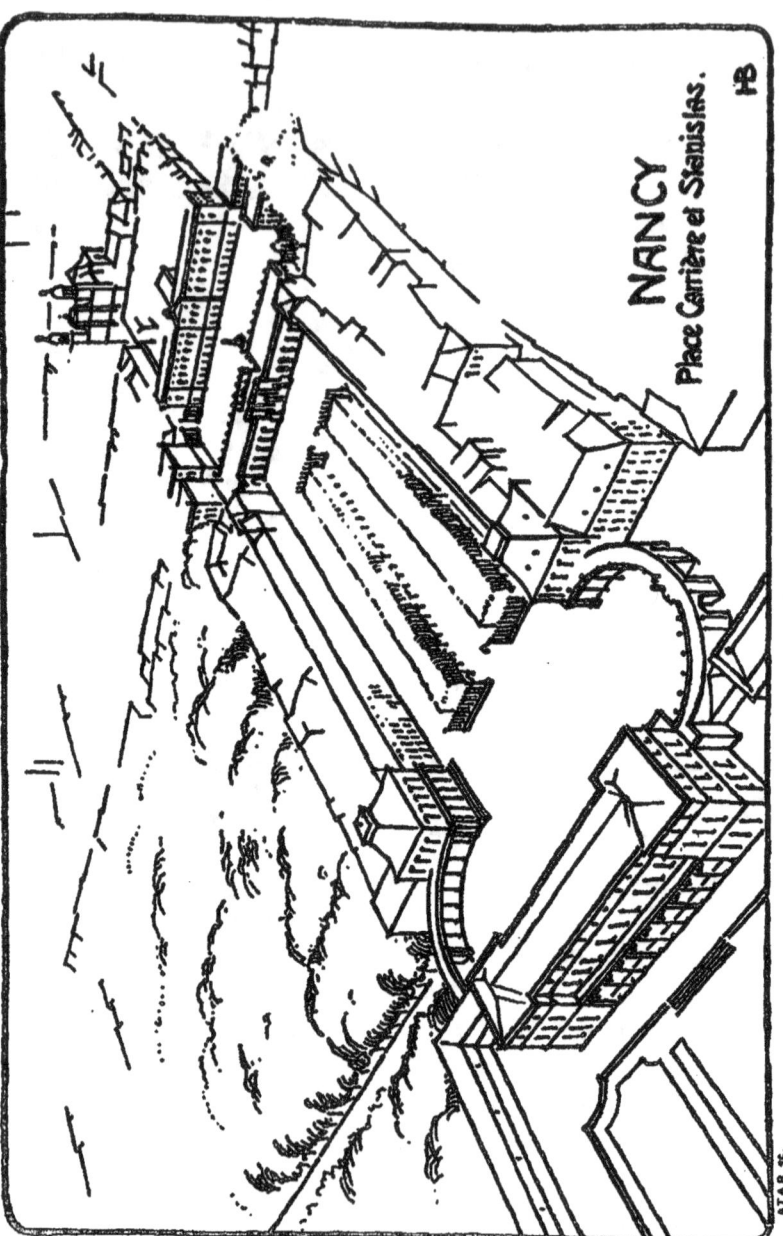

NANCY
Place Carrière et Stanislas.

8

ne fut jamais achevée, car l'un de ses côtés demeura ouvert
et l'espace qui le sépare de l'Elbe fut longtemps encombré

Fig. 91.

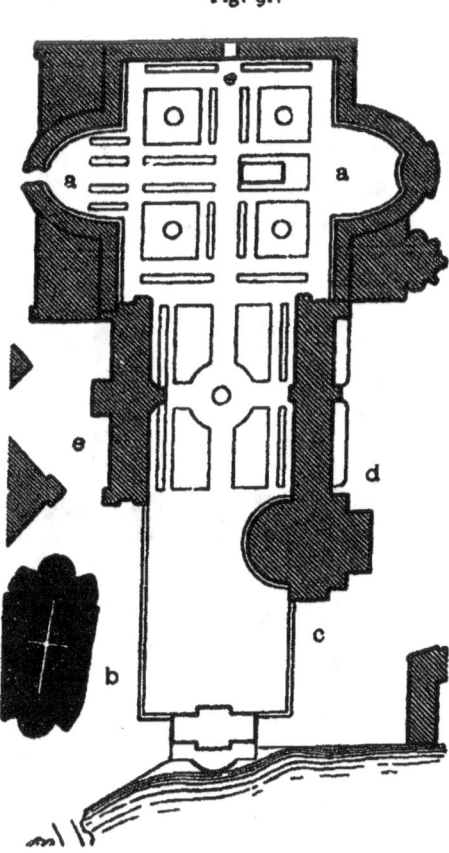

DRESDE

Projet de place par G. Semper.

a. Zwinger.   b. Eglise de la Cour.   c. Théâtre.
d. Orangerie.   e. Musée.

d'usines. Semper ayant
été consulté au sujet de
l'érection d'une statue
équestre, qui ne pou-
vait trouver place nulle
part dans la ville de
Dresde, répondit à cette
demande en présentant
un plan qui est au
nombre des créations
les plus intéressantes de
notre temps. Ce pro-
jet aurait enrichi la ca-
pitale de la Saxe d'une
des plus belles œuvres
architecturales qui ont
été conçues depuis la
colonnade de la place
Saint-Pierre à Rome.
Les usines au bord du
fleuve devaient être dé-
truites et à leur place
était prévue une espla-
nade, semblable à un
forum, entourée de tous
côtés d'édifices monu-
mentaux. Semper vou-

lait réunir en un tout grandiose les grands bâtiments publics
dont la construction était alors projetée. L'axe principal du
plan partait du Zwinger dans une direction perpendiculaire
à l'Elbe. Vis-à-vis de l'église de la Cour devait s'élever un

nouveau théâtre. Pour le réunir au Zwinger, on aurait bâti l'Orangerie, et pour y faire pendant de l'autre côté, un Musée Au bord de l'Elbe, l'architecte prévoyait une place de débarquement superbe, flanquée de grands mâts ornés de drapeaux, comme à la place Saint-Marc à Venise, et accessible depuis le fleuve par de grands escaliers monumentaux. Cette place aurait pu encore être enrichie dans la suite de monuments. Si toutes ces propositions avaient été adoptées, elle aurait produit un effet saisissant et serait devenue une merveille de premier ordre. L'esprit mesquin et hésitant du temps ne voulant se laisser convaincre par la clarté de cette conception idéale, ajourna tant de fois son exécution que les édifices furent finalement éparpillés çà et là, sans plan d'ensemble. En premier lieu l'Orangerie fut placée à un coin de rue quelconque, tandis que le Théâtre s'élevait à l'endroit

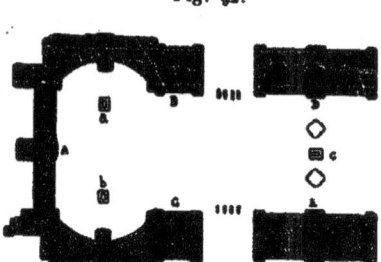

Fig. 92.

VIENNE. Hofburg.

A, B, C. Hofburg. D. Musée historique.
E. Musée d'histoire naturelle.

a. Monument du prince Eugène
b. Monument de l'archiduc Charles.
c. Monument de l'impératrice
Marie-Thérèse.

prévu par le plan de Semper. En dernier lieu vint le Musée qui devait former le quatrième côté de la place et compléter le Zwinger. Par cette combinaison dépourvue de sens, le Zwinger et le Musée se font tort réciproquement. Le Théâtre s'élève solitaire (puisqu'il n'est pas relié aux autres bâtiments) au milieu d'une place déserte ; tout effet d'ensemble est rendu à jamais impossible, car de ce chaos de bâtiments, placés en tous sens, comme des commodes dans une vente aux enchères, personne ne fera jamais un tout harmonieux.

Il fut cependant donné à Semper de proposer son idée une deuxième fois, en vue d'un emplacement plus grandiose encore, car il s'agissait de la construction des nouvelles ailes de la Hofburg et des Musées de la cour, à Vienne (fig. 92). Ce plan est la reproduction presque identique de celui de Dresde, avec des réminiscences de la place Saint-Pierre de Rome et même des constructions romaines antiques. Cette place sera un forum impérial dans le vrai sens du mot. Ses dimensions colossales (130 mètres de large et 240 mètres de long) se rapprochent de près de celles de la place Saint-Pierre à Rome. Une bonne étoile semble briller sur ce projet qui a plus de chance que celui de Dresde de parvenir à son achèvement.

Fig. 93.

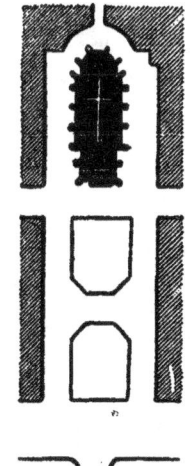

WIESBADEN
Église catholique.

L'époque contemporaine ne fournit pas de nombreux exemples de monuments ou d'édifices heureusement situés. Toutes les créations qui sont encore inspirées des traditions anciennes appartiennent à cette catégorie. Sans doute les grands principes des bonnes époques n'ont plus été observés nulle part avec autant de force et de sûreté. Ce ne sont plus que çà et là de vagues réminiscences des temps passés, plans en forme de fer à cheval, places ménagées devant les édifices monumentaux. Néanmoins, des œuvres même excellentes demeurent sans puissance et sans clarté parce qu'elles sont formées de types trop différents. Ainsi la situation de l'église catholique de Wiesbaden (fig. 93) est bien meilleure qu'elle ne l'aurait été au centre de la place, mais l'inévitable système du damier gâte tout ce qu'il pou-

vait y avoir de bon dans cet arrangement. Le plan du Kurhaus,
dans la même
ville (fig. 94),
avec ses deux co-
lonnades com-
plétant le fer à
cheval, est aussi
excellent. Mais
pourquoi n'a-
t-on pas relié en-
tre eux ces diffé-
rents bâtiments
qui s'élèvent iso-

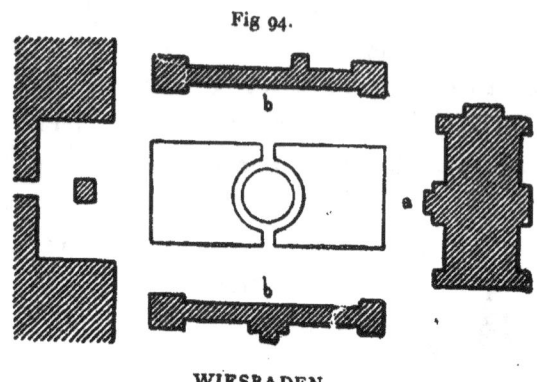

Fig 94.

WIESBADEN

a. Kursaal.　　b. Colonnades.

lés sur les quatre côtés de la place ? L'histoire de l'architecture est pourtant assez riche en exemples de ce
genre dont il aurait été préférable
de se souvenir. L'église de la
Trinité à Paris (fig. 95) s'élève
sur les côtés d'une place et les
trois autres façades sont entourées de rues relativement étroites.
On voit là un souvenir des exemples de jadis ; malheureusement,
la place est un peu trop vaste et
surtout trop entrecoupée pour
former le vestibule digne d'un
édifice religieux.

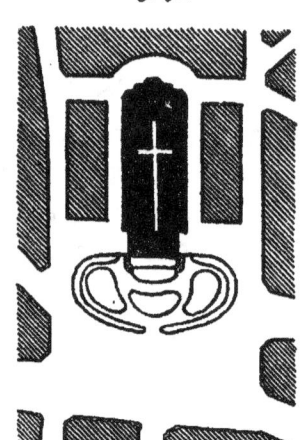

Fig. 95.

PARIS. Place de la Trinité.

Les plans que nous avons étudiés nous ont fait voir que dans
tous les temps et dans tous les
pays, les places et les rues ont été construites selon certaines
règles aujourd'hui trop peu suivies. Que ces principes d'art

aient été observés sciemment par nos prédécesseurs ou qu'ils les aient appliqués sans s'en douter, guidés par leur bon goût, cela ne peut nous empêcher de reconnaître les résultats excellents qu'ils ont obtenus. Ce n'est qu'en étudiant leurs œuvres que nous pourrons réformer l'ordonnance banale de nos villes modernes.

IX

DES SYSTÈMES MODERNES

L est étonnant combien, dans les temps modernes, l'histoire de l'art de bâtir les villes diffère
de celle de l'architecture et des autres arts. Le
contraste était déjà frappant à la Renaissance
et aux époques suivantes, mais il s'est accentué
davantage lorsque, plus tard, on découvrit pour la deuxième
fois les styles anciens. On copia avec une grande exactitude
les édifices antiques, et l'on reproduisit fidèlement leurs
modèles. Cette admiration enthousiaste pour l'art du passé
fit même exécuter à grands frais des édifices qui n'avaient
aucun but pratique et qui ne répondaient à aucun besoin
véritable. Ainsi, à Ratisbonne, s'éleva la Walhalla à l'image
du temple grec ; à Munich, la Feldernhalle avait eu pour
modèle la Loggia dei Lanzi de Florence. On construisit de
nouvelles basiliques à la manière des premiers chrétiens ; on
bâtit des propylées grecques, des dômes gothiques. Mais où
étaient les places dignes de ces édifices : l'agora, le forum,

la signoria, la place du marché ? Personne ne songeait à les créer.

Qui s'inquiète aujourd'hui de la construction des villes en tant qu'œuvre d'art ? On ne voit généralement dans cette question qu'un problème technique à résoudre. Si pourtant la disposition des villes modernes ne satisfait en aucune façon notre idéal artistique, nous demeurons étonnés et perplexes, nous ne savons comment améliorer l'état de choses actuel, car à chaque nouvelle occasion, des plans de quartier sont étudiés à un point de vue exclusivement technique, comme s'il s'agissait d'un tracé de voie ferrée, ou de toute autre question étrangère à l'art.

Aucun des traités d'histoire de l'art, dans lesquels une si grande place est dévolue à l'étude des moindres bibelots, ne consacre un seul chapitre à la construction des villes. Les œuvres des relieurs, des étameurs et des tailleurs y sont pourtant analysées à côté de celles de Phidias et de Michel-Ange.

Le constructeur des villes modernes n'a plus à sa disposition beaucoup de moyens pour exprimer son art. Un alignement correct de cubes massifs, voilà tout ce que notre époque peut mettre en regard des richesses du passé. Si l'architecte veut orner sa maison de tours, de balcons, de caryatides ou de pignons, dont est rempli son carnet d'esquisses, il trouvera bien les ressources nécessaires pour exécuter ses projets ; mais on ne lui donnera jamais un sou pour élever des colonnades, des portiques, des arcs de triomphe, ni pour donner aux rues et aux places une forme artistique, car l'espace qui semble être à tout le monde appartient de fait à l'ingénieur et à l'hygiéniste. Toutes les formes de l'art de bâtir les villes ont disparu les unes après les autres, si bien qu'il n'en reste plus rien, pas même un souvenir. Cela est facile à prouver. Nous sentons en effet combien nos places modernes uniformes diffèrent des places anciennes qui nous charment encore aujourd'hui. Nous trouvons néanmoins tout naturel que les églises et les monuments s'élèvent au centre d'un vaste espace, que toutes les rues soient tracées suivant le modèle du damier et ouvrent de larges brèches dans l'enceinte des places jadis fermées par une ceinture de maisons et d'édifices monumentaux. Nous sommes charmés sans doute de l'aspect pittoresque des villes d'autrefois, mais nous ignorons les moyens qui ont servi à produire ces impressions d'art si variées.

Un théoricien moderne de l'art de bâtir les villes, R. Baumeister, écrit dans son livre sur l'extension des villes : « Des circonstances dont dépend l'aspect satisfaisant d'une place il est difficile de tirer une loi générale. » Est-il besoin d'une preuve plus convaincante ? Notre examen des cités anciennes ne nous a-t-il pas démontré avec évidence l'existence de ces règles qui, étudiées de plus près, suffiraient à former tout un manuel de la construction des villes et à constituer son histoire. Il faudrait déjà des volumes pour enregistrer seulement ce que les maîtres du XVIIIe siècle ont su faire dans ce domaine toujours avec la même sûreté de coup d'œil, quelles que fussent les circonstances. Si néanmoins l'un des théoriciens de cet art peut hasarder l'assertion que nous avons citée, cela ne montre-t-il pas suffisamment que nous avons perdu de vue tout rapport entre les causes et les effets ?

Par quels principes se sont donc laissé guider les constructeurs des villes modernes ? Ils ont cristallisé l'art de bâtir les villes en un certain nombre de systèmes ! C'est le propre de notre temps de vouloir mettre des systèmes partout. On ne peut plus s'écarter d'un cheveu des schémas une fois adoptés, et toute œuvre qui n'est pas tout à fait dépourvue de talent et de sentiment est condamnée à mort. Nous possédons trois systèmes principaux de construction des villes et de plus quelques variantes. Les systèmes principaux sont : le système rectangulaire, le système rayonnant et le système triangulaire. Les variantes résultent généralement de combinaisons des méthodes précédentes. Tous ces systèmes ont une valeur artistique nulle, leur but exclusif est de régulariser le réseau des rues ; il est donc purement technique. Un réseau de rues sert uniquement à la circulation, ce n'est pas une œuvre d'art, car il ne tombe pas sous les sens et ne peut être embrassé d'un coup d'œil que sur le plan. C'est pourquoi jusqu'ici nous ne nous sommes jamais servis de ce terme, à propos de Rome ou d'Athènes antiques, de Venise ou de Nuremberg. Là, ce qui intéressait notre sens artistique était à la portée de notre regard, c'était une seule rue, ou une seule place et non un ensemble d'artères disposées selon des théories absolues.

Il est donc évident que sous certaines conditions, n'importe quel réseau de rues pourrait produire un effet artistique s'il n'était pas exécuté de cette façon brutale qui convient au *genius loci* des villes du Nouveau Monde et qui s'est malheureusement aussi acclimatée dans nos pays. L'emploi du système rectangulaire permettrait même de former des rues et des places bien ordonnées, si le technicien permettait à l'artiste de regarder par-dessus son épaule et de déplacer parfois son compas ou sa règle. Ils pourraient même se répartir leurs tâches, car l'artiste sera satisfait s'il peut dessiner à sa guise quelques places et rues principales : il abandonnera volontiers le reste aux exigences de la circulation et de la vie matérielle. Que la plupart des demeures soient consacrées au labeur, ici la ville se montrera en tenue de travail. Mais les rues et les places principales devraient être parées de leurs plus beaux atours afin d'être la joie et la gloire de leurs habitants, de réveiller le sentiment de la patrie et d'inspirer de grands et nobles sentiments à la jeunesse qui se prépar à la vie. C'est ainsi qu'il en était dans les villes anciennes. Leurs rues secondaires innombrables n'ont à vrai dire aucune valeur artistique. Seul le voyageur, grâce à sa situation exceptionnelle, y trouve aussi des raisons de s'émerveiller. L'œil du critique ne rencontre dans le centre d'une ville que peu de rues et de places importantes dans lesquelles les anciens, par un sage emploi de leurs moyens, ont réuni tout ce qu'ils possédaient en fait d'œuvre d'art public.

Ceci nous fait voir le point de vue auquel il faut se placer si, en dépit des systèmes modernes de construction des villes, on veut conserver à nos cités un cachet artistique. Il faut admettre la possibilité d'un compromis. Car des réclamations trop exigeantes de l'art ne trouveraient aucune grâce auprès des défenseurs des besoins modernes. Quiconque veut se poser en champion de l'esthétique de la rue doit être d'une part convaincu que les moyens actuels de satisfaire les exigences de la circulation ne sont peut-être pas infaillibles et d'autre part être prêt à démontrer que les besoins de la vie moderne (communication, hygiène, etc.) ne sont pas nécessairement des entraves au développement de l'art de la rue.

Le système le plus souvent employé de nos jours est le système rectangulaire (fig. 96). Il fut exécuté avec une logique inflexible à Mannheim, il y a déjà bien des années. Le plan de cette ville est un parfait damier : la règle rigide n'a souffert aucune exception et toutes les rues sont tracées selon deux directions perpendiculaires jusque dans la campagne. Le bloc de maisons rectangulaires y domine exclusivement à tel point que l'on a jugé inutile de donner des noms aux rues et que l'on a désigné les rangées de cubes alignés dans une direction par des lettres, dans l'autre par des chiffres. Ainsi faisait-on disparaître les derniers vestiges des formes du passé, qui auraient encore pu parler à l'imagination et à la fantaisie. Mannheim s'impute à elle-même la création de ce système. *Volenti non fiat injuria.* Quiconque se donnerait la peine de rassembler toutes les pages de blâme et de mépris que cette innovation a inspirées, pourrait remplir des volumes. Pourquoi donc est-ce précisément ce système qui a pu s'emparer du monde entier? Dans n'importe quelle ville, c'est toujours selon cette méthode que les nouveaux quartiers sont dessinés, car même si l'on emploie les systèmes rayonnants ou triangulaires, les petites mailles du réseau sont divisées autant que possible d'après le modèle du damier. Ceci paraît d'autant plus étonnant que cette combinaison

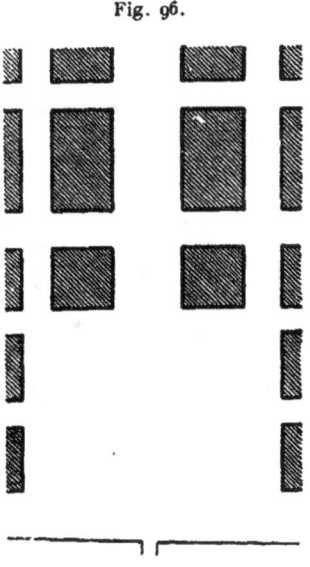

Fig. 96.

LYON. Place Morand.

a été rejetée depuis longtemps même par ceux qui défendent uniquement les intérêts de la circulation. Aux inconvénients qu'ils lui reconnaissent, ajoutons encore celui-ci, qui n'a pas été indiqué jusqu'à présent, à savoir : le croisement difficile des voitures au point de rencontre de deux ou plusieurs rues. Etudions de près la circulation des voitures dans le cas où une seule rue débouche dans une autre (fig. 97). Nous avons admis l'usage du croisement à gauche. Combien de chances une voiture

allant de A en C a-t-elle de rencontrer une autre voiture ? Elle en a quatre. Elle peut en rencontrer une
allant de C en A ou de C en B ou de B en A ou de B en C.
Quatre chances de rencontre aussi pour une voiture allant
de A en B. De B en A il n'y a plus que deux rencontres
possibles ; les deux autres rentrent dans la série précédente, car cela revient au même si une voiture allant de
B en A en rencontre une allant de A en B que si c'est le
contraire qui se passe. De B en C deux nouveaux croisements sont seulement possibles. De C en A et de C en B
il n'y en a point qui n'ait déjà été enregistré dans les séries
précédentes. Sans tenir compte des
répétitions, douze cas différents de
croisement sont donc possibles :

Fig 97.

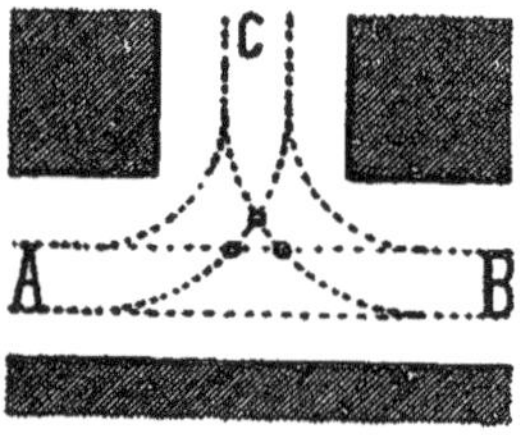

AB et BA   AC et BA   BA et CA
*AB et BC   AC et BC   BA et CB
*AB et CA   AC et CA   *BC et CA
AB et CB   AC et CB   BC et CB

On remarquera que les croise-
ments marqués d'un astérisque sont ceux où les trajectoires se coupent. Ils sont très défavorables au trafic ; ils
peuvent causer des arrêts dans la circulation, car l'une
des voitures doit attendre que l'autre ait passé. Cependant, s'il n'existe que trois de ces points et si la circulation n'est pas trop intense, l'arrêt ne se produit que rarement. Aussi ce cas (où une seule rue débouche dans une
autre généralement plus large et plus importante) est-il
très fréquent dans les anciennes villes, car il rend les
communications plus aisées.

Lorsque deux rues se croisent (fig. 98), les circonstances
se compliquent fort. En calculant comme précédemment
les chances de rencontre des voitures, on arrive déjà au
chiffre 54, avec 12 cas où les trajectoires se coupent, soit

exactement quatre fois plus de croisements et de perturbations dans le trafic. La trajectoire d'une seule voiture
allant de A en B est coupée par quatre autres trajectoires

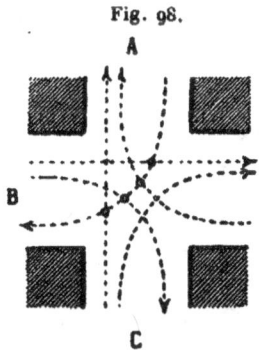

Fig. 98.

et la voiture allant de C en B arrive
directement à sa rencontre au milieu
de la place. En de tels points une
allure modérée est de rigueur ; tous
ceux qui ont l'habitude de circuler
en voiture savent que dans les quartiers modernes on est souvent obligé
d'aller au pas, tandis que dans les
rues étroites et populeuses de la
vieille ville, on peut avancer beau

coup plus vite. C'est tout naturel, car les croisements de
rues y sont rares et même peu de voies latérales y débouchent. Les inconvénients du système moderne sont encore
plus frappants pour les piétons. Ceux-ci sont forcés de
quitter le trottoir tous les cent pas pour traverser une

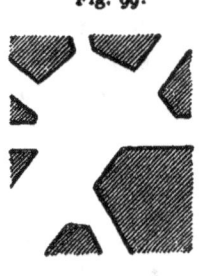

Fig. 99.

CASSEL
Kölnerstrasse.

rue et ils doivent appliquer toute leur
attention à éviter les voitures venant de
droite et de gauche. Il leur manque une
ligne ininterrompue de façades qui pourrait les protéger. Dans toutes les villes où
la population aime à flâner, en un Corso,
elle choisit à dessein une rue peu entrecoupée afin que le plaisir de la promenade ne soit pas sans cesse gâté par l'attention qu'il faut mettre à éviter les

voitures. Chacun pourra faire cette remarque dans la ville
qu'il habite.

Les croisements de plus de quatre rues ont pour la
circulation des conséquences qu'il est facile d'imaginer.
En ajoutant une seule rue, le nombre des croisements

arrive à 160, soit plus du décuple du premier cas ; le nombre des rencontres arrêtant la circulation augmente aussi
en conséquence. Que doit-il donc en être des ronds-points
où six rues ou davantage arrivent de tous les côtés, ainsi
que nous le montre un plan de la ville de Cassel (fig. 99) ?
A l'intérieur d'une ville populeuse, aux heures les plus
animées du jour, il est impossible de circuler librement et
la police est obligée d'intervenir en la personne d'un ser-
gent de ville qui, par
ses commandements,
dirige la manœuvre.
Une telle place (fig. 100)
est fort dangereuse pour
les piétons. Aussi, pour
remédier tant soit peu
à ses défectuosités, a-
t-on créé çà et là des refuges formés d'un frag-
ment de trottoir au
centre duquel s'élève
la forme élancée d'un
splendide réverbère, tel

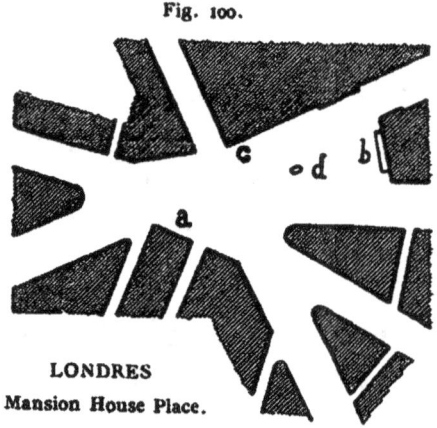

Fig. 100.

LONDRES
Mansion House Place.

a. Mansion House.   *b.* Bourse.
c. Banque d'Angleterre. *d.* Statue de Wellington.

un phare au milieu des vagues déchaînées de la circulation.
Cette île de salut est peut-être l'invention la plus grandiose
et la plus originale de l'art moderne de bâtir les villes.
Malgré toutes ces mesures de précaution, ce ne sont que
les gens alertes qui peuvent traverser de telles places, les
personnes âgées ou infirmes préféreront les éviter en faisant même de grands détours. Voilà les succès obtenus
par un système qui a rompu sans se gêner avec toute
tradition artistique pour satisfaire uniquement les exigences de la circulation. De tels points de jonction portent le nom de places, bien qu'on n'y remarque aucun des

caractères qui sont propres à celles-ci, et qu'on semble plutôt y avoir entassé tout ce qui était à la fois laid et peu pratique.

Avec l'emploi du système rectangulaire, ces ronds-points se reproduisent partout où le terrain est accidenté et dans les quartiers nouveaux qui doivent se raccorder dans leurs grandes lignes aux parties plus anciennes d'une ville. On est alors obligé de briser, ou, tout au moins de courber, le dessin du damier, ce qui donne naissance aux places triangulaires. Celles-ci sont encore plus fréquentes si l'on se sert du système rayonnant ou des systèmes combinés. La véritable gloire des villes modernes est la place circulaire ou octogonale (Piazza Emmanuelo à Turin). On ne peut nulle part se rendre mieux compte de l'absence de tout sentiment artistique et de l'oubli de toute tradition qui caractérisent les plans des villes modernes. Sur le papier une telle place en impose sans doute par sa belle régularité, mais quel est son effet réel ? La possibilité de voir des perspectives infinies de rues que les anciens ont su éviter avec art est élevée ici à son maximum. Le point central de la circulation est en même temps le lieu d'intersection de tous les rayons visuels. En faisant le tour de la place, on a toujours le même spectacle devant les yeux, aussi ne sait-on jamais bien où l'on se trouve en réalité. Un étranger n'a qu'à se tourner une fois sur une de ces places si déconcertantes, en forme de carrousel, pour ne plus savoir comment s'orienter. A Palerme, sur la Piazza Vigliena (Quattro Canti), l'architecture pompeuse des quatre maisons d'angle ne fait pas même son effet, car celles-ci sont toutes trop uniformes, et bien que quatre rues importantes seulement se coupent à angle droit sur cette place octogonale, on voit fréquemment des étrangers désorientés pénétrer dans une des quatre rues pour en voir le nom ou pour retrouver, si possible, une maison connue. Voilà les avantages de ces places : on a de la peine à s'y diriger ; elles offrent des aspects peu variés et les édifices

Fig. 101.

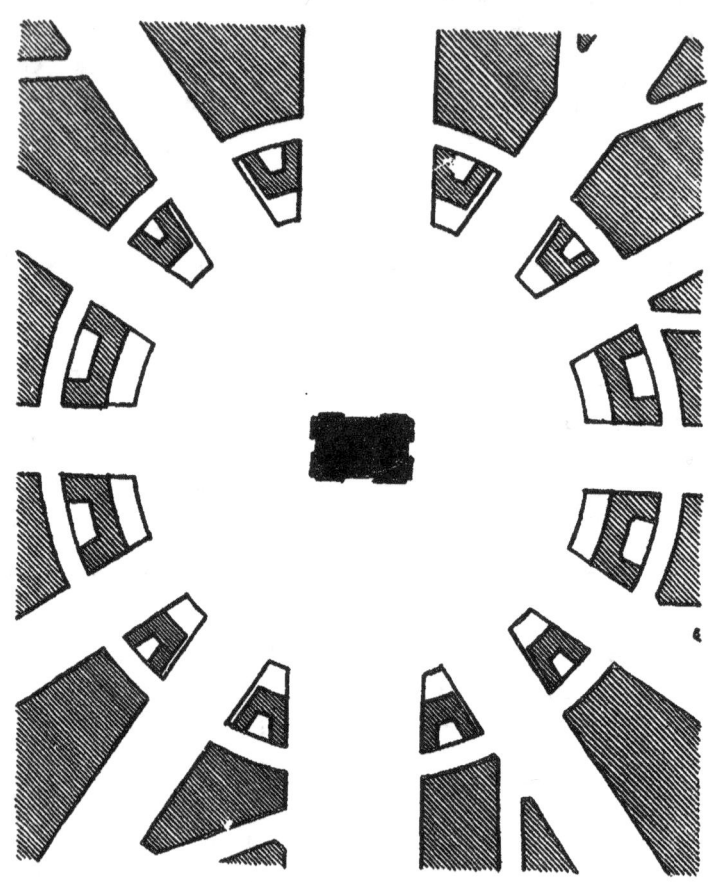

PARIS. Place de l'Étoile.

qui les entourent ne peuvent pas être mis en valeur. C'était vraiment un étrange souci des anciens que d'attacher tant d'importance à ces choses !

Ce genre de place avec ses refuges et ses candélabres se

développa de bonne heure à Paris (fig. 101), bien que dans les dernières régularisations du plan de la ville aucun des systèmes modernes n'ait été employé exclusivement ; et cela grâce à la résistance naturelle qu'opposaient les quartiers existants, et grâce aussi à la ténacité avec laquelle les bonnes traditions d'art s'étaient conservées. Ainsi la

Fig. 102.

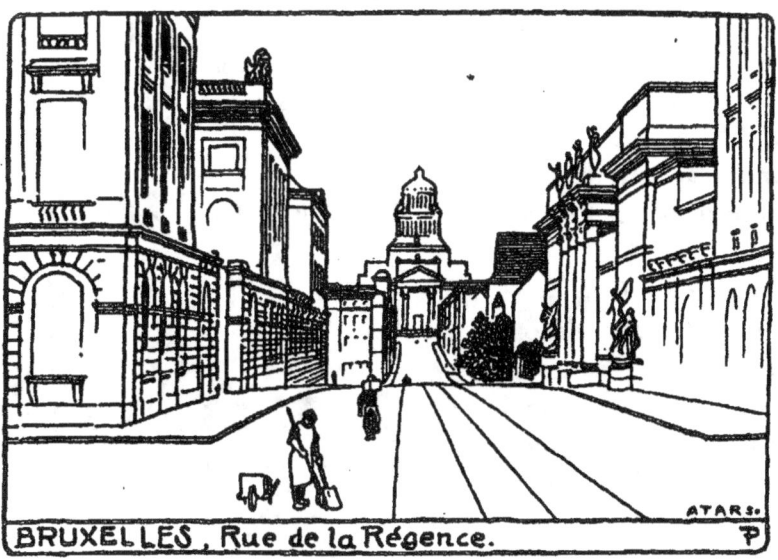

BRUXELLES, Rue de la Régence.

tendance à ménager des effets de perspective est incontestable. L'avenue terminée par un édifice monumental (fig. 102) peut être considérée comme le procédé fondamental de cette école. Plus tard fut créé le moderne boulevard, lorque des élargissements et des percements dans les masses serrées des vieilles maisons furent rendus nécessaires par les circonstances. Cette régularisation de ville conçue dans un grand style excita l'admiration générale et ne manqua pas de faire école tout d'abord et surtout dans les grandes villes françaises.

Ce serait cependant une erreur de croire que les procédés employés à Paris souvent par nécessité sont bons à imiter partout. La circulation énorme et la crainte des émeutes ont forcé le technicien à user de mesures radicales qui ne sont pas toujours satisfaisantes au point de vue esthétique. C'est à des préoccupations plutôt d'ordre politique qu'est due la création sous le Second Empire des fameux ronds-points et des rues trop larges et trop longues, mais plus faciles à surveiller. En reproduisant ces modèles dans des villes de moindre importance, on a plus cherché à imiter une grande capitale qu'à satisfaire réellement les besoins locaux.

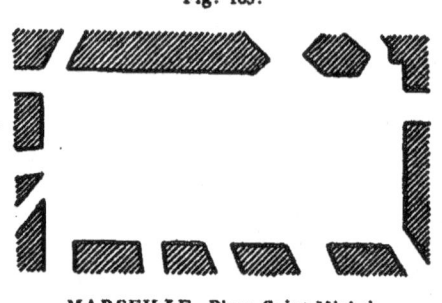

Fig. 103.

MARSEILLE. Place Saint-Michel.

Comme exemple de place fortement découpée dans un réseau de rues obliques, nous donnons la place Saint-Michel à Marseille (fig. 103).

Dans le même genre, on pourrait citer la place du Pont à Lyon et bien d'autres encore. Cette méthode a quelque chose qui rappelle de loin la régularisation radicale de Rome sous Néron, quoiqu'elle soit de beaucoup plus modérée. Des avenues et des boulevards furent créés à Marseille, à Nîmes, à Lyon, à Avignon et dans d'autres villes. En Italie, de larges rues à plusieurs voies bordées d'allées portent le nom de Corso ou Largo. Dans les pays germaniques, des Rings remplacèrent souvent les anciennes fortifications, ainsi à Vienne, Hambourg, Munich, Leipzig, Hanovre, Breslau, Brême ; à Prague entre la vieille et la nouvelle ville ; à Wurzbourg en forme de pentagone, à Anvers et ailleurs. Toutes ces artères sont disposées de façon à produire une effet perspectif grandiose. Ce sont des formes de rues qui, quoique très modernes, ont encore une valeur artistique.

Dès que les cubes de maisons ne sont disposés que selon des procédés géométriques, aucune pensée d'art ne peut plus être exprimée. La modernisation de Gotha, Darmstadt, Dusseldorf, le plan en éventail de Carlsruhe en sont des preuves suffisantes. Combien les exigences de la circulation ont été peu satisfaites par ces plans d'extension qui n'avaient pas d'autre but, cela est démontré avec évidence par l'aspect désert de tant de places et de rues modernes immenses, contrastant avec l'embarras des rues étroites des villes anciennes ; à la périphérie des villes on crée de larges rues dans lesquelles une circulation intense ne se développera jamais, tandis que le noyau de la cité reste pour longtemps encore à l'étroit.

Les systèmes modernes ont donné prise à de nombreuses récriminations dont les journaux spéciaux sont périodiquement remplis. Toutefois le seul défaut évident qu'on leur reconnaisse est l'abus qu'ils font de la ligne droite. Baumeister dit ainsi : « On se plaint à bon droit de l'ennui des rues modernes. » Il blâme en outre « l'effet massif » des pâtés de maisons. A propos de la situation des monuments, il regrette seulement « qu'on ait chaque jour à enregistrer de nouvelles et grossières fautes de goût ». Il omet cependant de nous indiquer les raisons de ces erreurs, car il croit aussi au principe invariable comme une loi naturelle selon lequel un monument ne peut s'élever qu'au milieu d'une place, afin que l'on puisse admirer les hommes célèbres, même par derrière.

Baumeister cite un trait bien propre à condamner nos systèmes modernes, emprunté au *Figaro* du 23 août 1874. Il s'agit d'un voyage de Mac-Mahon : « Rennes, est-il dit, n'a pas précisément de l'antipathie contre le maréchal, mais cette ville est incapable de tout enthousiasme. J'ai remarqué que c'est le cas de toutes les villes où les rues sont tirées au cordeau et se coupent à angle droit. La ligne droite ne laisse croître aucune agitation. L'on put observer en 1870 que les villes à plan entièrement régulier capitulaient devant trois uhlans, tandis que de vieilles cités aux rues tortueuses étaient prêtes à se défendre jusqu'à la dernière extrémité. »

La ligne et l'angle droit sont certainement les éléments de plans conçus sans art, mais de leur emploi ne résultent pas nécessairement des créations banales. Que de styles ont su tirer de leur combinaison des effets artistiques puissants ! Il est cependant fâcheux d'abuser de la ligne droite dans le dessin des voies de communication. Une allée dont la direction ne change pas pendant des kilomètres fatigue le voyageur, même si la contrée qu'elle traverse est splendide. Par sa rectitude inflexible elle contraste avec la nature, elle ne s'adapte pas aux multiples inégalités du terrain ; elle est si uniforme qu'on n'a qu'un désir, c'est d'arriver rapidement à son extrémité. Une rue trop longue fait le même effet. Si donc les rues plus courtes et plus fréquentes des villes modernes ne nous satisfont pas davantage, il faut trouver d'autres causes encore à leur imperfection. Comme les places, les rues modernes sont trop ouvertes. Les brèches trop nombreuses taillées dans leurs côtés par des voies latérales, découpent la ligne des maisons en une série de blocs isolés et détruisent l'effet d'ensemble d'une artère.

Celle-ci ne se compose le plus souvent que de maisons d'angle, qui produiront de toutes façons un mauvais effet, même si elles sont disposées selon une ligne courbe. Car il existe une différence fondamentale entre la manière de bâtir les villes aujourd'hui et autrefois. Jadis les rues et les places étaient déterminées dans leur forme de façon à produire un certain effet. De nos jours, c'est le terrain à bâtir qui est divisé en parcelles régulières, et les rues et les places ne sont que le résidu provenant de cette répartition. Autrefois l'on cachait dans les bâtiments toutes les irrégularités choquantes qui aujourd'hui, dans les nouveaux plans de villes, se manifestent sur les places. Car, d'après les théoriciens actuels, « la principale règle de l'art de bâtir des villes est qu'un réseau d'artères doit avant tout déterminer de bons plans de maisons. C'est pourquoi les intersections des rues à angle droit sont si avantageuses ». Mais quel est donc l'architecte qu'effraye un terrain irrégulier ? Il faudrait qu'il ait des notions bien élémentaires de l'art de faire les plans. C'est précisément sur les terrains irréguliers que se présentent le plus souvent des solutions intéressantes. Car l'architecte est alors contraint d'employer toute sa sagacité ; il ne suffit plus de tirer machinalement quelques lignes parallèles. Dans un plan semblable on peut placer facilement bien des services secondaires (ascenseur, escaliers à vis, débarras, cabinets, etc.) pour lesquels un espace approprié se trouve moins aisément dans des constructions symétriques. C'est donc à tort que l'on vante les avantages des parcelles régulières au point de vue de la construction, et il faut être bien profane pour se laisser encore effrayer par ce préjugé, grâce auquel toute la beauté de nos rues et de nos places est sacrifiée.

Si l'on considère le plan d'un édifice important élevé

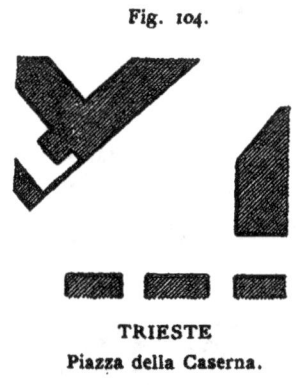

Fig. 104.

TRIESTE
Piazza della Caserna.

sur un terrain de forme irrégulière, on remarque, s'il est bien composé, que les salles et les chambres principales ont toutes une forme excellente. Les irrégularités ne sont pas visibles ; elles sont cachées dans l'épaisseur des murs ou dans les pièces secondaires que nous venons d'énumérer. Personne ne voudrait d'une chambre triangulaire qui serait d'un mauvais effet et dans laquelle on ne pourrait placer aucun meuble. Mais dans le même espace, un escalier circulaire ou elliptique trouve aisé-

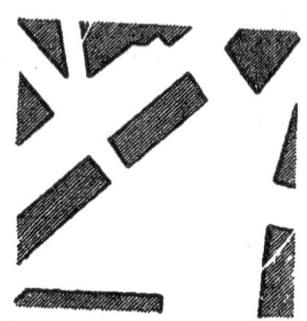

Fig. 105.

TRIESTE
Piazza della Legna

ment place si on l'entoure de murs d'épaisseurs inégales. Autrefois l'on procédait d'une manière semblable dans la confection des plans de villes. Les forums, tels de grandes salles, avaient une forme régulière ; la portion d'espace visible était calculée en vue de produire un certain effet ; par contre, toutes les irrégularités du plan étaient renfermées dans les terrains bâtis, ou disséminées çà et là dans les murs. C'était une méthode aussi simple que sensée. Aujourd'hui l'on s'y prend d'une façon tout à fait opposée. Preuve en soient trois places choisies dans une même ville : ce sont à Trieste : la

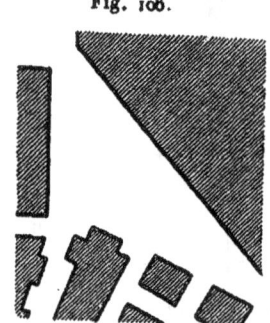

Fig. 106.

TRIESTE
Piazza della Borsa

piazza della Caserna (fig. 104), la piazza della Legna (fig. 105), et la piazza della Borsa (fig. 106). Au point de vue artistique ce ne sont pas des places, mais seulement les résidus provenant de la division du terrain

en blocs rectangulaires. Grâce aux nombreuses rues larges
et mal disposées qui y débouchent, il serait impossible d'y
ériger un seul monument ou d'y élever un édifice qui puisse
être mis en valeur. Une place semblable est aussi insuppor-
table qu'une pièce triangulaire.

Nous avons déjà consacré un chapitre aux places irrégulières de jadis et démontré alors pourquoi elles étaient
généralement d'un bon effet. On pourrait donc se demander
pourquoi des places modernes de même genre ne satisfe-
raient pas aussi notre sens esthétique. La raison en est
très simple. Une différence profonde existe entre ces deux
sortes d'irrégularité. Celle des places de Trieste est trop
frappante, et cela d'autant plus que les lignes des maisons et
des quartiers voisins sont plus régulièrement dessinées.
Les irrégularités des places que nous avons étudiées précédemment sont au contraire de telle sorte que l'œil peut
aisément s'y faire illusion. On les remarque bien moins en
réalité que sur le papier. Il en est de même des édifices
anciens ; on connaît peu de plans d'églises romanes ou
gothiques où les angles droits soient tracés avec une exactitude impeccable, car les anciens ne pouvaient le faire avec
une précision suffisante. Cela n'a d'ailleurs aucun inconvénient, car ces imperfections échappent aux regards les
plus attentifs. Les temples antiques présentent aussi de
grandes irrégularités quant à l'écartement des axes de
colonnes, etc. On ne s'en rend compte que grâce à des
mensurations exactes et l'œil ne peut les percevoir. Aussi
y attachait-on peu d'importance, car l'on bâtissait des
édifices pour produire un heureux effet en réalité et non
pas un effet qui ne pouvait s'apprécier que sur le papier.
D'autre part, l'on a découvert des finesses à peine croyables
dans la curvature des entablements, etc., finesses qui peuvent à peine être mesurées, mais qui ont été cependant

exécutées parce que l'œil pouvait les percevoir et que c'était lui qui les dictait. Plus l'on fera de comparaisons entre les procédés anciens et les méthodes actuelles, plus le contraste sera frappant, et quiconque est doué de sens artistique aura peine à donner la préférence aux systèmes modernes.

Le caractère fondamental des villes anciennes consiste dans la limitation des espaces et des impressions. Les constructeurs modernes ont au contraire la tendance à découper le terrain en blocs isolés : maison, place, jardin, toujours entourés de rues. De là vient la puissance de l'habitude qui nous force de placer tous les monuments au centre d'un espace vide. L'absurdité est ainsi logiquement systématisée. L'idéal de cette méthode pourrait être défini : une tendance à obtenir un maximum de façades ; ainsi nous apparaît clairement la raison d'être du système moderne des pâtés de maisons isolés. La valeur de chaque terrain croissant avec la longueur des façades que l'on peut y bâtir, le maximum de cette valeur est donc atteint quand le pourtour d'une parcelle bâtie est un maximum par rapport à sa surface. Au point de vue purement géométrique, les parcelles circulaires offriraient donc le plus d'avantages. Il faudrait les grouper de façon à occuper le moins de place possible (comme des billes en en plaçant six autour d'une seule). Si l'on dispose entre elles des rues droites et de largeur uniforme, les cercles se transforment en hexagones réguliers, comme certaines mosaïques ou comme les cellules d'une ruche. On ne pourrait croire l'homme capable de mettre à exécution une idée si peu artistique. Un pareil labyrinthe existe cependant à Chicago. C'est le système des cubes de maisons dans toute sa pureté. Toute pensée d'art en est absente.

Dans le Vieux-Monde, où les hommes connaissent la

beauté et l'agrément des villes anciennes, on n'en est pas encore arrivé à cette extrémité. Sans doute, le charme des cités du passé a disparu pour toujours en bien des endroits, car il ne convient plus aux besoins de la vie moderne. C'est précisément la tâche de l'architecte de distinguer ce qui dans notre patrimoine artistique peut être abandonné aux démolisseurs et ce qu'il en faut à tout prix conserver.

X

LA VIE MODERNE LIMITE
LE DÉVELOPPEMENT DE L'ART DE BATIR
LES VILLES

E nombre des motifs d'architecture auxquels le constructeur des villes modernes est obligé de renoncer n'est point minime. Si cette constatation est douloureuse pour un esprit délicat, elle ne doit pas le conduire à un sentimentalisme stérile. Le succès que pourraient obtenir des constructions pittoresques ne serait d'ailleurs ni décisif, ni durable, si elles ne convenaient pas aux habitudes modernes. Dans notre vie publique, bien des choses se sont transformées sans retour, partant bien des formes architecturales ont perdu leur importance de jadis. Nous sommes obligés de le reconnaître. Qu'y pouvons-nous si les événements publics sont aujourd'hui racontés dans les journaux au lieu d'être proclamés, comme autrefois en Grèce et à Rome par des crieurs publics dans les thermes ou sous les portiques ? Qu'y pouvons-nous si les marchés quittent de plus en plus les places pour s'enfermer dans

des bâtiments d'aspect peu artistique ou pour se transformer en colportage direct dans les maisons ? Qu'y
pouvons-nous si les fontaines n'ont plus qu'une valeur
décorative, puisque la foule s'en éloigne, les canalisations
amenant l'eau directement dans les maisons et les cuisines ?
Les œuvres sculpturales abandonnent toujours plus les
places et les rues pour s'enfermer dans les prisons d'art
nommées musées. Les fêtes populaires, les cortèges de
carnaval, les processions religieuses, les représentations
théâtrales en plein air, ne seront bientôt plus qu'un souvenir. Avec les siècles la vie populaire s'est retirée lente-
ment des places publiques, qui ont ainsi perdu une grande
partie de leur importance. C'est pourquoi la plupart des
gens ignorent complètement ce que devrait être une belle
place. La vie des anciens était plus favorable au développement artistique des cités que notre vie moderne mathé-
matiquement réglée. Aussi notre conception de la beauté
d'une ville s'est-elle modifiée autant dans ses grandes lignes
que dans ses détails.

Avant tout, le développement considérable qu'atteignent
nos capitales a brisé dans tous ses coins le moule des
anciennes formes d'art. Plus une ville croît, plus ses rues
et ses places doivent grandir en tous sens, plus ses édifices
doivent s'élever et s'étendre. Avec leurs dimensions colossales, leurs étages innombrables et les rangées sans fin de
leurs fenêtres semblables, ils peuvent à peine produire une
impression artistique. La sensibilité finit par s'émousser à
la vue de motifs architecturaux toujours les mêmes, et il
faut des moyens très puissants pour arriver à produire
encore quelque effet. Cela non plus ne peut être changé et
le constructeur des villes comme l'architecte doit dessiner
ses plans à l'échelle des capitales modernes de plusieurs
millions d'habitants. Grâce à l'énorme entassement d'êtres

humains en certains points du globe, la valeur du sol y a augmenté à proportion. Il n'est pas plus loisible au particulier qu'aux administrations publiques de se soustraire aux conséquences naturelles de cette plus-value des terrains. Des parcellements nouveaux et des percées de rues ont été exécutés un peu partout ; dans les vieux quartiers, des voies latérales se créent chaque jour et des blocs isolés de maisons s'élèvent ainsi de tous côtés sans qu'on s'en doute. Ce sont les suites inévitables de l'élévation de valeur du terrain et de la demande croissante de façades sur rue. On ne peut donc songer à y remédier, surtout par de simples considérations esthétiques. Il faut accepter tous ces faits comme des forces données dont l'artiste doit tenir compte, de même que l'architecte ne peut négliger les lois de la physique et de la statique quand même elles restreignent souvent sa fantaisie.

Au point de vue purement économique, la division régulière du terrain en parcelles est devenue un facteur aux effets duquel il est difficile d'échapper. On ne devrait cependant pas se soumettre aveuglément à cet usage, car l'on détruit ainsi par hécatombes les œuvres d'art de nos villes. Que deviennent, avec l'emploi des systèmes géométriques tous les coins de rues pittoresques qui nous ravissent, par leur originalité, dans le vieux Nuremberg et partout où ils ont été conservés ?

Le prix élevé des terrains pousse à les utiliser le plus possible ; aussi, bien des formes d'architecture charmantes ont-elles disparu peu à peu. Chaque parcelle bâtie tend à se rapprocher toujours davantage du cube moderne. Les saillies, les avant-cours, les perrons, les arcades sont devenus pour nous des objets d'un luxe exorbitant ; même s'il construit des bâtiments publics, l'architecte peut à peine laisser libre cours à sa fantaisie en faisant saillir des

balcons, des encorbellements, et en dessinant des toits de
silhouette intéressante. A hauteur du sol il ne doit pour
rien au monde s'éloigner de l'alignement prévu. Cela est
si bien entré dans nos habitudes que plus d'un motif
d'architecture remarquable, comme le perron, ne nous
agrée plus. Cette forme d'art a passé aussi de la rue
et de la place dans l'intérieur des édifices, comme pour
s'y mettre à l'abri de la circulation envahissante. Voilà
donc bien des sources d'effet artistique qui sont taries.
Comment y suppléer ? Si l'on enlevait les superbes perrons
des hôtels de ville de Leyde et de Bolsweert, ou le beau
portique de celui d'Heilbronn, avec ses deux monuments
d'angle et ses deux escaliers, quelle impression produiraient encore ces édifices ? Ces œuvres que les idées
modernes ne permettent plus de créer sont un ornement
et une gloire pour une ville entière. C'est sans chance
de succès que l'on chercherait à réagir contre la banalité
qui s'est introduite partout et qu'on essayerait de rem-
ployer ces formes d'art dans des projets de constructions
nouvelles. Quel architecte oserait aujourd'hui proposer
une combinaison aussi charmante que le groupement en
un même coin de rue d'un perron, d'une terrasse, d'une
tribune et d'une statue de la Justice, comme à l'hôtel de
ville de Görlitz ? Des œuvres semblables sont l'expression
directe de ce qu'on appelle l'esprit du temps. Tout le
monde admire le palais des Doges à Venise, le Capitole à
Rome, mais personne ne recommande l'exécution de projets
analogues. On admire aussi les splendides perrons de bien
des hôtels de ville ; néanmoins le sentiment moderne est
hostile aux escaliers extérieurs. La seule pensée de la gelée
ou d'une bourrasque de neige suffit pour mettre en fuite tous
les souvenirs du passé. Bien plus, l'escalier est devenu pour
nous autres, êtres casaniers, un motif d'architecture inté-

rieure. Nous sommes à ce point de vue si sensibles, nous avons si bien perdu l'habitude de la vie publique dans les rues et sur les places que nous ne pouvons travailler ou prendre des repas avec des fenêtres ouvertes ; nos balcons restent même le plus souvent inoccupés. L'emploi de formes d'architecture intérieure (escaliers, halls), à l'extérieur des édifices était un des charmes des villes de l'antiquité et du moyen âge. Le caractère si pittoresque d'Amalfi, par exemple, consiste précisément en un mélange souvent étonnant de ces motifs variés. Aussi se demande-t-on parfois si l'on est à l'intérieur d'une maison ou dans la rue, et même si l'on est au rez-de-chaussée ou au premier étage d'un édifice, tant il est difficile de se rendre compte de toutes ces combinaisons. Ce sont de tels tableaux que les décors de théâtre cherchent à imiter. Jamais un quartier moderne n'a servi de fond à une scène dramatique : ce serait un cadre trop banal et trop dépourvu de beauté.

Il faudrait être tout à fait aveugle pour ne pas reconnaître les acquisitions grandioses faites dans le domaine de l'hygiène par l'art moderne de construire les villes. Là nos ingénieurs dont nous avons tant critiqué le manque de goût ont accompli des miracles et ont rendu à l'humanité des services inoubliables. C'est grâce à leurs travaux que la santé publique des villes d'Europe s'est considérablement améliorée, ainsi que l'indiquent les coefficients de mortalité diminués souvent de moitié. Nous l'accordons volontiers ! Reste à savoir s'il est indispensable d'acheter ces avantages à un si haut prix. Pour les obtenir faut-il vraiment enlever de nos villes tout ce qui parle de beauté ?

On ne peut songer à dissiper entièrement le conflit existant entre les exigences de la vie pratique et les aspirations des amoureux du pittoresque ; il existera toujours, car il tient à la nature même des choses. Cette lutte entre deux forces opposées n'est pas spéciale au seul art de bâtir les villes, elle est inhérente à tous les arts, même à ceux qui paraissent les plus libres. Il se manifeste toujours un conflit entre leur but idéal et la matière au moyen de laquelle ils s'expriment. L'artiste ne peut jamais donner corps à ses idées que dans les limites fixées par ses moyens techniques. Quiconque étudie de près l'histoire des arts pourra constater que, selon la nature de ces auxiliaires matériels, selon les tendances idéales et les exigences pratiques d'une époque, ces limites seront plus ou moins étroites.

L'esthétique des villes a certes, de nos jours, un domaine très restreint. Nous ne pouvons plus créer des œuvres d'un art aussi achevé que l'Acropole d'Athènes. Même si nous disposions des millions que coûterait une œuvre semblable, nous ne pourrions l'exécuter. Il nous manque les principes artistiques, la conception de l'univers commune à tous, vivante dans l'âme du peuple, qui pourrait trouver dans une telle œuvre sa représentation matérielle. En réduisant la tâche à un travail purement décoratif, sans base sérieuse, tel qu'il convient à notre art moderne, elle serait encore trop grande pour l'homme réaliste de notre siècle. Le constructeur de villes doit avant tout s'armer d'une extrême modestie, et, à vrai dire, moins par manque de ressources que pour des motifs plus essentiels.

Supposons qu'on veuille créer dans une ville nouvelle un quartier à la fois grandiose et pittoresque, ne servant qu'à la représentation et à la glorification de la vie communale. Il ne suffirait pas de dessiner à l'aide de la règle des alignements parfaits, il faudrait aussi, pour obtenir les effets des anciens maîtres, avoir sur nos palettes leurs couleurs. Il faudrait déterminer artificiellement dans ce plan

des courbures, des recoins, des irrégularités, c'est-
à-dire un naturel forcé, des surprises prévues. Pourrait-on
vraiment concevoir sur le papier ces beautés que plusieurs
siècles ont produites ? Pourrait-on à la vue de cette naïveté
mensongère, de ce naturel artificiel, éprouver une joie
véritable et sincère ? Assurément pas. Ces jouissances sont
refusées à une époque où l'on ne bâtit plus au jour le jour,
mais où l'on construit les maisons raisonnablement sur le
papier. Ceci ne peut se changer et la plupart des beautés
pittoresques des anciennes villes sont ainsi irrévocable-
ment perdues pour nous. La vie moderne pas plus que
la science technique moderne ne permettent de copier ser-
vilement la disposition des villes anciennes. Il faut le reconnaître si nous ne voulons pas nous abandonner à une senti-
mentalité sans espoir. Les modèles des anciens doivent
revivre aujourd'hui autrement qu'en des copies conscien-
cieuses ; c'est en examinant ce qu'il y a d'essentiel dans
leurs créations et en l'adaptant aux circonstances modernes
que nous pourrons jeter dans un sol devenu apparemment
stérile une graine capable de germer à nouveau.

Malgré tous les obstacles qui s'élèvent devant nous, ne
craignons pas de tenter cette étude. Il nous faudra priver
nos villes de bien des beautés pittoresques si nous voulons
tenir compte des méthodes nouvelles de bâtir ainsi que
des exigences de l'hygiène et de la circulation. Ce n'est
toutefois pas une raison pour renoncer à résoudre d'une
façon artistique le problème de la construction des villes
et pour l'étudier à un point de vue purement technique,
comme s'il s'agissait de construire une route ou une
machine. Même dans notre vie affairée de tous les jours,
nous ne pouvons nous passer des impressions nobles que
produisent en nous des formes artistiques parfaites. C'est
précisément dans la manière de disposer les villes que

l'art a, plus que partout ailleurs, son influence à exercer ; car son action éducatrice se fait sentir à chaque instant sur l'âme du peuple, et n'est pas, comme par exemple dans les concerts ou les spectacles, réservée aux classes aisées de la nation. Il serait donc à souhaiter que les pouvoirs publics accordent à l'esthétique de la rue toute l'importance qu'elle mérite.

DES RÉFORMES A INTRODUIRE
DANS
L'ORDONNANCE DES VILLES MODERNES

OTRE étude des plans de villes anciennes nous a déjà fait entrevoir bien des améliorations à introduire dans la construction des villes modernes. Ainsi chaque cité, si petite soit-elle, pourrait s'enorgueillir d'une place belle et originale si tous les édifices importants et les monuments y étaient réunis comme en une exposition où ils se feraient valoir les uns les autres. C'est le but des plans d'extension des villes de préparer intelligemment et de rendre possible un pareil idéal. Avant de l'atteindre il faudra sans doute livrer plus d'un assaut contre la toute-puissance des systèmes. En effet, si les parcelles à bâtir sont déjà dessinées sur le papier et si la superficie entière du terrain est divisée en lots prêts à être vendus, tout effort est vain : un quartier semblablement prévu restera à jamais banal. C'est pourquoi des projets de parcellement réussissent seulement lorsqu'ils se rattachent au plan d'une ville ancienne qui a jeté bas ses fortifications ou qui veut se rajeunir. Presque toutes les formations de quartiers entièrement nouveaux, surtout si ceux-ci s'élèvent sur des terrains peu accidentés, aboutissent à des résultats néfastes. Que devrait-on donc faire pour mettre un peu plus d'art et de fantaisie dans les productions des techniciens, lorsque aucun obstacle ne s'oppose à la réalisation de leurs rêves géométriques ? L'insuccès frappant des plans d'extension exécutés pendant ces dernières années est manifeste. De tous côtés on a reconnu que la division du terrain à bâtir en parcelles régulières avait une valeur artistique à peu près nulle, et à l'exemple des anciens l'on a voulu accorder une plus grande liberté au développement de la construction.

C'est dans ce sens qu'en sa réunion générale une Association d'architectes et d'ingénieurs vota les résolutions suivantes :

1° Le but principal d'un plan d'extension de ville est de fixer les lignes générales de communication : routes, tramways à chevaux ou à vapeur, canaux, qui doivent être prévus d'une manière systématique et avec un certain développement.

2. Ce plan ne doit prévoir tout d'abord que les artères principales (en tenant compte autant que possible des voies existantes) et les voies de moindre importance qui sont déterminées par des circonstances locales. Le partage subséquent du terrain peut être, selon les besoins, entrepris à bref délai par les administrations ou abandonné à l'activité privée.

3° Le groupement des différents quartiers sera déterminé par le choix approprié de leur situation et par d'autres indices caractéristiques. Il ne doit être produit par contrainte qu'au moyen de règlements d'hygiène appliqués à l'industrie.

Ce manifeste était une véritable lettre de congé adressée à tous les systèmes de parcellement anticipé, quels qu'ils fussent ; c'était aussi un pas en avant vers le mieux. En pratique, les fruits de cet arrêt ne se reconnaissent aujourd'hui nulle part. Un caractère de fâcheuse banalité pèse comme une malédiction sur tous les plans nouveaux de villes avant comme après cette décision. Et c'est bien naturel. Car les trois résolutions de l'assemblée précitée n'émettent que des prescriptions négatives, des restrictions, comme le fait en général notre critique d'art et notre esthétique modernes. Elles ne donnent qu'une seule indication positive : il faut tenir compte autant que possible des voies existantes. Au fond, ce désir de réduire la fabrication des plans de ville à un minimum n'était rien d'autre qu'un vote de défiance à l'égard de ceux qui avaient la haute main sur ces travaux. L'intention des membres de l'Association des architectes et ingénieurs était d'enlever le plus de besogne possible à ces mains notoirement maladroites. Ainsi compris, ce vote a une véritable importance, car il affirme l'impossibilité d'atteindre un bon résultat avec le seul concours des administrations. Pourquoi ne pas faire exécuter aussi des plans de cathédrales, ne pas faire peindre des tableaux historiques ou composer des symphonies par voie administrative ? ce serait tout aussi judicieux. Parce que précisément une œuvre d'art ne pourrait être créée par des comités ou des bureaux, mais seulement par un individu. Un plan de ville qui devrait produire un effet artistique est aussi une œuvre d'art et non un simple acte de voirie. C'est là le nœud de toute la question. Supposons que chaque fonctionnaire d'une administration, grâce à ses capacités et à ses connaissances, grâce à ses voyages et à ses études, grâce à un sens artistique inné et à une fantaisie souple, puisse faire le projet d'un plan de ville excellent, tous les fonctionnaires réunis ne pourront cependant produire que des œuvres sans vie ni sentiment, sentant la poussière des paperasses. En effet, le chef de bureau n'a pas le temps nécessaire pour faire le travail lui-même : il est accablé par les séances, les rapports, les commissions, l'administration, etc. Les employés subalternes n'osent pas avoir leurs idées à eux ; ils doivent respecter les opinions officielles. Leurs dessins ne seront jamais inspirés que d'elles, non pas qu'ils ne sachent rien faire de mieux, mais parce que la planche sur laquelle ils travaillent est officielle. Leur ambition personnelle, leur individualité artistique, leur enthousiasme pour une tâche dont ils sont seuls responsables devant le monde sont superflus dans une administration ; ces qualités seraient même contraires à la discipline.

Dans les résolutions citées plus haut, les architectes et ingénieurs n'auraient donc pas dû seulement regretter que les plans de villes fussent exécutés par les bureaux eux-mêmes, sans le concours d'autres forces artistiques. Ils auraient dû indiquer quels principes devraient présider désormais à leur élaboration. Nulle part il n'est dit un mot de cela ; on s'en remet toujours au bon hasard, qui, jadis, il est vrai, accomplissait des miracles.

En supposant qu'il fera sortir de terre aujourd'hui des œuvres d'art splendides, on commet une grave erreur. Car ce n'est ni le hasard, ni le caprice d'un individu qui ont créé autrefois de belles places et de beaux édifices, sans plan de parcellement, sans concours et sans peine apparente. Leur création n'était pas fortuite, chaque particulier n'agissait pas à son gré, mais tous obéissaient sans le savoir à la tradition artistique de leur temps. Celle-ci était si bien fondée qu'elle n'inspirait que des œuvres parfaites. Le Romain qui établissait son camp savait exactement ce qu'il avait à faire, et il ne lui venait pas à l'idée d'en tracer un plan différent de la coutume ; car la forme traditionnelle satisfaisait ses exigences pratiques et son idéal artistique. Quand, plus tard, le camp se transforma en ville, celle-ci eut, cela va sans dire, un forum autour duquel se groupèrent les temples, les bâtiments publics et les statues. Chacun connaissait ces usages et savait s'y conformer jusqu'aux plus petits détails, car il n'existait qu'une recette traditionnelle convenant seulement aux circonstances locales. Ainsi ce n'était pas le hasard, mais la tradition artistique toujours vivante dans le peuple entier qui réglait alors la construction des villes. Sans plans déterminés, les anciens n'allaient cependant pas à l'aventure. Il en fut de même au Moyen Age et à la Renaissance.

Où nous conduirait aujourd'hui ce soi-disant hasard ? Sans plan, sans règles, chaque particulier bâtirait différemment de son voisin parce que les traditions d'art ne sont plus solidement enracinées dans les masses. Il en résulterait donc un pêle-mêle général. Les créations les moins artistiques se développeraient partout. On verrait surgir de toutes parts les blocs de maisons isolés et les édifices plantés ici ou là sans liaison aucune avec d'autres bâtiments. La division du terrain en parcelles d'une régularité géométrique serait la règle. Les églises et les monuments occuperaient toujours le centre des places ; car c'est peut-être le seul principe de l'esthétique des villes dont on ne discute pas aujourd'hui la raison d'être.

L'ouvrage de Baumeister sur les plans d'extension des villes en fournit une preuve suffisante. Quand même l'auteur adopte délibérément les conclusions de l'assemblée des architectes et bien qu'il soumette les systèmes usuels de construction des villes à une critique qui les réduit à néant, les dispositions de places qu'il préconise (fig. 107 à

111) ne diffèrent généralement pas d'un cheveu des usages modernes les plus défectueux. La situation normale des églises, selon lui, est le milieu des places (fig. 107). D'ailleurs, tous les exemples qu'il donne sont des échantillons des systèmes les plus erronés, sans qu'il nous ait conservé une

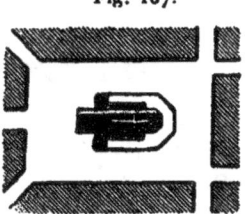

Fig. 107.

Situation normale des églises d'après Baumeister.

seule pensée artistique du passé. Tous ces soi-disant modèles représentent des points de jonction de la circulation avec leurs pires conséquences : communications embarrassées, impossibilité de mettre en valeur des édifices, de bien situer des monuments, et de donner un caractère artistique aux places. Les seules propositions originales qui accompagnent ces exemples sont d'interrompre plus souvent la longueur des rues par des places et d'autoriser plus fréquemment des retraits de façades hors de l'alignement. Ces conseils tout à fait insuffisants ne valent pas même la peine d'être discutés. Il est très malheureux

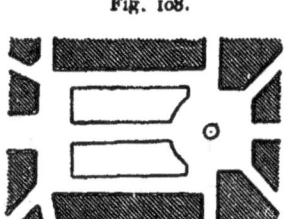

Fig. 108.

que ces procédés admis par Baumeister soient aujourd'hui de mode. Car ils répudient tous les enseignements du passé et font fi de toute théorie artistique.

Non ! en abandonnant au hasard le soin de régler la construction des villes, on n'obtient pas de meilleurs résultats. Il faut à tout prix formuler les revendications de l'art d'une manière positive. Car on ne peut plus se fier aujourd'hui au sentiment général qui ne se soucie pas de beauté. Il faut nécessairement étudier les œuvres du passé et remplacer la tradition artistique perdue par la recherche des causes de la beauté des créations des anciens. De cette

façon seulement nous pourrons formuler les principes de
l'esthétique des villes et nos cités regagneront les charmes
qu'elles ont perdus, si du moins il en est encore temps.

Dans la première partie de cette étude,
nous avons recherché ces causes, il
nous reste à poser les principes qui en
découlent.

Fig. 109.

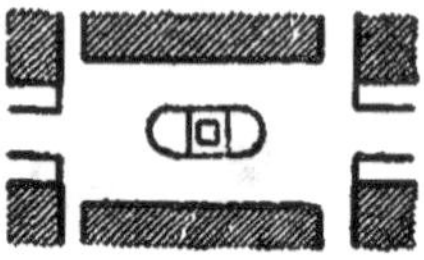

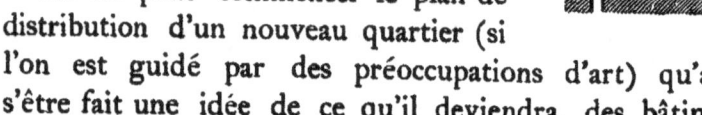

On ne peut commencer le plan de
distribution d'un nouveau quartier (si
l'on est guidé par des préoccupations d'art) qu'après
s'être fait une idée de ce qu'il deviendra, des bâtiments
publics et des places qu'il contiendra. Il faut donc faire

une sorte de calcul de probabilités afin
de se rendre compte de la tâche à accomplir. Ainsi seulement l'on pourra composer un plan qui convienne à la configuration du sol et aux circonstances données

Fig. 110.

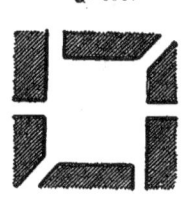

et qui permette un développement artistique du quartier
projeté.

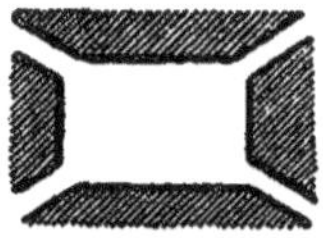

Comprendrait-on un particulier qui montrerait un terrain à son architecte en lui disant :
Bâtissez-moi là quelque chose pour environ 100,000 francs. « Vous entendez
une villa ? » — « Non. » — « Une maison
de rapport ? » — « Non. » — « Peut-être
une fabrique ? » — « Non. » Et ainsi
de suite. Ce serait simplement ridicule.

Fig. 111.

Et cela n'arrive jamais parce que personne ne bâtit sans
but ; personne ne s'adresse à un architecte sans avoir une
intention déterminée, un programme.

Mais lorsqu'il s'agit de construire des villes, il ne paraît
point déraisonnable de dresser un plan sans programme
précis ; et c'est bien naturel, car on n'en a point ; on

n'a aucune idée du développement futur du nouveau secteur. La division du terrain en carrés égaux est l'expression frappante de cette incertitude. Elle signifie ceci : Nous pourrions bien faire quelque chose de pratique et de beau, mais nous ne savons pas trop quoi ; aussi renonçons-nous à étudier cette question qui n'est pas posée dans tous ses détails et nous divisons géométriquement la superficie donnée afin que la vente du terrain au mètre carré puisse commencer. Que nous sommes loin de l'idéal des anciens ! Et le tableau qui vient d'être tracé n'est pas une caricature ; il est parfaitement fidèle à la réalité.

Un parcellement de proportions considérables, preuve que le manque de programme conduit à des résultats absurdes, est la division en Etats de l'Amérique du Nord. Tout ce vaste pays fut divisé par des lignes droites selon les degrés de latitude et de longitude. L'imperfection de ce partage est frappante, car au moment où il fut fait on ne connaissait pas la contrée ; on ne pouvait prévoir son développement futur, l'Amérique n'ayant derrière elle aucun passé et ne représentant aux yeux de l'Humanité cultivée que tant et tant de milles carrés de terrain. Ce système appliqué aux villes convient peut-être à l'Amérique, à l'Australie et à des pays vierges de civilisation. Lorsque les hommes ne cherchent qu'à propager leur espèce, ne vivent que pour gagner de l'argent et ne gagnent de l'argent que pour vivre, il leur est indifférent d'être emballés dans des casernes comme des harengs saurs dans des tonneaux.

De l'existence d'un véritable programme dépend donc la bonne exécution d'un plan de ville. Les études préparatoires nécessaires peuvent être faites par les soins de l'administration ou de commissions d'experts. Elles doivent consister :

A. En un calcul approximatif de l'accroissement présumé de la population du quartier projeté pendant les cinquante années à venir, et en une étude de la circulation et du genre d'habitations à prévoir. Il convient en effet de savoir d'avance où s'élèveront les maisons à loyer, les villas et les bâtiments destinés au commerce et à l'industrie, soit que l'on veuille répartir ces différents genres d'édifices selon leur destination ou qu'on préfère bâtir des quartiers mixtes. Ceux qui objectent à cette manière de faire l'impossibilité d'établir ces prévisions avec une certitude même approximative, cherchent à éviter par des faux-fuyants une peine et une responsabilité sans doute considérables. En s'aidant de l'histoire de la ville, en étudiant avec soin sur les tableaux statistiques le développement du commerce et de l'industrie et en tenant compte des circonstances locales, on a suffisamment de points de repère pour prolonger sans témérité dans un avenir rapproché de nombreuses expériences. Il n'en faut pas davantage. Certes, si l'on n'a pas le courage de prévoir quelque chose de déterminé, le quartier de maisons à loyer se développera de lui-même partout où il le pourra, car dans ce genre de construction en tous lieux applicable et par cela même voué à la banalité, on peut au besoin faire entrer tout au monde : des ateliers, des maisons d'ouvriers, des maisons de commerce, des palais, etc. ; je dis au besoin, car ainsi les exigences spéciales de chacun de ces édifices ne seront jamais pleinement satisfaites. Cherchons donc à mettre des bornes à l'envahissement général des villes modernes par les blocs uniformes des maisons de rapport. Il faut pour cela leur abandonner d'emblée certains terrains pour pouvoir leur en interdire ensuite d'autres, sinon ces casernes banales surgiront partout comme des monuments élevés à l'indécision et à l'imprévoyance. C'est ainsi qu'on a déjà procédé dans les quartiers de villas, c'est ainsi qu'il faudrait agir partout où l'on veut préserver des quartiers nouveaux de la banalité qui les menace. Car l'expérience prouve que l'absence de programme entraîne toujours l'emploi d'un des systèmes de construction les plus défectueux.

B. Muni des renseignements indispensables que nous venons d'énumérer, l'auteur d'un plan d'extension peut alors prévoir le nombre de bâtiments publics nécessaires au quartier projeté ainsi que leurs dimensions et leur forme approximatives. Ce travail se fait aisément d'avance si l'on a recours aux données statistiques toujours faciles à réunir. Du chiffre présumé de la population à venir on déduira le nombre et la grandeur des églises, des écoles, des bâtiments administratifs, des halles de marché, des jardins publics et peut-être même des salles de spectacle.

Ceci fait, il faudrait grouper ces différents bâtiments de la meilleure manière possible et fixer toutes les voies de communications nécessaires. Alors commencerait l'élaboration du plan d'extension proprement dit. Elle pourrait aisément s'effectuer au moyen de concours publics. En plus des renseignements statistiques que nous avons énumérés, il faudrait joindre au programme d'un concours semblable : 1° un relevé exact du terrain à bâtir, indiquant tous les chemins existants et d'autres points intéressants ; 2° des données sur la direction du vent, le niveau des eaux et toutes les indications ayant une importance locale. La première tâche des concurrents serait donc de prévoir des emplacements convenables pour les bâtiments publics nécessaires et de grouper ceux-ci avec art. Il serait en outre judicieux de situer les jardins publics à égale distance les uns des autres et autant que possible à l'écart des rues populeuses et bruyantes (voir Appendice). Chacun de ces vastes espaces de verdure devrait être entouré de tous côtés de maisons dont la ligne serait seulement interrompue par deux ou plusieurs portails d'accès. Ces jardins à l'abri de la poussière donneraient de la valeur aux longues façades des bâtiments voisins.

Si l'on doit disséminer les jardins, il faut au contraire grouper les édifices remarquables ; ainsi auprès de l'église, le presbytère et l'école primaire ou tels autres groupements qui paraîtront indiqués. Il faudrait même chercher à réunir en un point les monuments, les bâtiments publics, les fontaines, afin de pouvoir créer au moins une place importante. Si plusieurs places sont nécessaires, il conviendrait de les grouper plutôt que de les éparpiller de côtés et d'autres. Chacune d'elles par sa situation, sa forme et sa grandeur aurait à exprimer clairement un caractère déterminé. Les débouchés de rues devraient être étudiés de façon que chaque place soit bien enclose. Il serait bon de ménager parfois des perspectives sur des monuments ou des spectacles de la nature, et de garder le souvenir des procédés en faveur à d'autres époques, tels que les plans en forme de fer à cheval, les esplanades dans le genre des anciens atriums, etc. Les églises et les édifices monumentaux ne devraient naturellement pas être isolés ; mais bien plutôt s'élever sur les côtés des places afin de laisser de bons emplacements pour des fontaines et des monuments futurs. Pourquoi supprimer à tout prix des inégalités de terrain, détruire des chemins existants et même détourner des cours d'eaux afin d'obtenir une banale symétrie ? Mieux vaudrait au contraire les conserver avec joie pour motiver des brisures dans les artères et d'autres irrégularités. Ces irrégularités qu'on redresse souvent à

grands frais de nos jours, sont précisément nécessaires.
Sans elles les créations les plus belles gardent toujours
une certaine raideur et une affectation d'un fâcheux effet ;
puis elles permettent de s'orienter facilement à travers le
dédale des rues, et même au point de vue hygiénique
elles ne sont pas sans avantage. C'est grâce à la courbure
et à la brisure de leurs artères que la violence du vent est
moins sensible dans les villes anciennes. Il ne souffle avec
force que par-dessus les toits, tandis que dans les quartiers
modernes, il s'engouffre à travers les rues droites d'une
façon fort désagréable, voire même préjudiciable à la santé.
Ce fait peut être observé partout où des vieux et des nouveaux quartiers sont contigus. Dans la partie ancienne de
la ville, on n'est pas trop incommodé par un vent de force
modérée. A peine a-t-on pénétré dans la ville moderne
qu'on est entouré de nuages de poussière. Sur les places
où des rues débouchent en tous sens amenant des courants
d'air de tous côtés, on peut observer les plus beaux tour-
billons de poussière en été, de neige en hiver. C'est l'un
des principaux avantages que présentent les systèmes
modernes de construction des villes !

Les bâtiments qui s'élèvent au-dessus de la hauteur
moyenne des toits, ainsi les cathédrales, ont une influence
particulière sur la répartition des vents. Aussi les courants d'air sont-ils en général très violents aux alentours
des grands dômes. Preuve en est le plaisant dicton relatif
au Dôme de Saint-Etienne, à Vienne :

> A Vienne le Dôme de Saint-Etienne
> Est gris au dehors et sombre au dedans ;
> Quand tu l'auras vu de face,
> Va-t'en de l'autre côté,
> Et tu le verras par derrière
> Si le vent te le permet.

Afin d'obvier à cet inconvénient il serait peut-être bon d'orienter les églises de telle façon que leur abside soit opposée à la direction ordinaire du vent. Ainsi la silhouette du chœur et des hautes tours, formant en gros une surface oblique, dirigerait les bourrasques vers les régions élevées de l'atmosphère plutôt que vers le sol, et le toit de la nef, semblable à une carène de navire renversée, partagerait en deux les courants de l'air.

Vitruve s'occupait déjà de l'orientation des rues. « Il faut », disait-il, « tenir soigneusement compte de la position des points cardinaux et de la direction ordinaire des vents. » Le constructeur des villes modernes, dans sa haute sagesse, a souvent négligé ce précepte, car il semble avoir acquis un droit de toucher à tout d'une main aussi maladroite que possible.

L'esquisse préliminaire du plan que nous avons décrit plus haut présente maintenant quelques parcelles bâties, de grands jardins entourés de maisons et quelques places de grandeur et de forme données. Le moment est donc venu de tracer les principales voies de communication, en observant les règles précédemment exposées. Cette opération terminée, il faudrait, pour obéir à la décision de l'assemblée de Berlin, laisser à l'avenir ou à l'initiative privée le soin de terminer ce travail. Nous serions cependant encore loin d'avoir exécuté notre programme, et il serait bien à craindre que tout l'espace compris entre les points déjà étudiés du plan ne devienne la proie de l'un ou l'autre des systèmes géométriques en vogue. A ce moment donc, plus que jamais, toutes les capacités artistiques devraient être mises à contribution pour que l'œuvre bien commencée ne dégénère pas d'elle-même. C'est alors que des concours spéciaux pour l'élaboration des différentes parties du plan pourraient être ouverts. A leur programme on

joindrait avec avantage celui de la construction des bâtiments publics projetés dans ces quartiers. Ainsi réussirait-
on peut-être à mettre mieux en harmonie les places et
les édifices qui les entourent, car ils seraient créés d'un
seul jet. Les architectes n'étant pas asservis à un plan de
situation déterminé auraient toute liberté de développer
leurs idées. Cela jetterait un peu de variété dans la monotonie habituelle des villes où les plus beaux édifices souffrent en général de leur position défavorable. Les maîtres
des XVIIᵉ et XVIIIᵉ siècles ont su tirer un grand parti
d'une division régulière du terrain à bâtir. De ces formes
symétriques nous n'avons conservé qu'une seule, la plus
ennuyeuse de toutes : le cube.

En disposant d'une plus grande liberté dans l'aména-
gement des places publiques l'on pourra peut-être recon-
stituer une architecture plus vivante. On n'y arrivera pas
seulement en adoptant une fois pour toutes tels ou tels
principes d'art : il faudra à maintes reprises discuter les
détails d'exécution de chaque cas particulier. Car la
construction d'une ville est une œuvre difficile. Si l'on
interroge l'histoire d'une cité antique et renommée, on
reconnaîtra la somme énorme de capital artistique qui
a été placée en chacune de ses pierres, capital dont les
revenus se paient sans cesse sous forme d'impressions
grandioses ou pittoresques. Et, comme dans la vie matérielle, le montant des intérêts est proportionnel à celui du
capital. Le tout est donc de bien employer celui-ci. Nous
avons cru bien faire en n'engageant aucun capital artistique
dans nos villes modernes et nous nous étonnons ensuite
de n'en tirer aucun revenu. Car, à notre grande honte, il
faut bien reconnaître que la division géométrique du terrain, telle qu'elle est pratiquée de nos jours, a une valeur
artistique nulle. Le plus souvent la dimension des blocs

de maisons et la largeur des rues sont déjà fixées d'avance par les décisions d'une commission quelconque, et même avec une précision telle, qu'un nouveau plan de parcellement pourrait être exécuté par le dernier copiste ou même par le concierge de l'administration, si l'on n'attachait pas quelque importance au *rendu* des plans. La banalité de nos quartiers modernes a bien des conséquences importantes : l'homme n'éprouve aucune joie à y demeurer, il ne s'y attache pas et n'acquiert aucun sentiment du foyer, ainsi qu'on a pu réellement le constater chez les habitants de villes ennuyeuses et construites sans art. Ce fait suffira-t-il à convaincre notre époque matérialiste de la nécessité de donner aux villes une forme artistique. On a beaucoup parlé de la valeur sociale des beaux-arts, et chacun en reconnaît plus ou moins l'importance. L'idée que l'art est son propre but, peut-être même le plus haut but assigné à l'activité humaine, est plus discutée. Elle ne suffirait donc pas à motiver une esthétique des villes. Mais comme l'art a aussi une valeur sociale et pratique, l'économiste au cœur le plus dur pourrait sans inconvénient autoriser quelques dépenses afin d'embellir les villes ou plutôt d'empêcher qu'on les enlaidisse. Ainsi se développeraient chez leurs habitants le sentiment du chez soi, le patriotisme local. Ainsi même croîtrait l'affluence des étrangers, argument propre à convaincre les esprits les plus intéressés.

De quelque côté que l'on envisage le problème de la construction des villes, on conclut qu'il a été étudié de nos jours avec une trop grande légèreté. Les efforts cérébraux qu'il a nécessités et les capacités artistiques employées à le résoudre sont vraiment trop minimes. Pour obtenir des solutions pratiques, il faut agir avec autant d'énergie que de persévérance, car il ne s'agit de rien moins que d'abolir

complètement les principes régnants et de les remplacer
par des méthodes précisément contraires.

Afin de pouvoir résumer en une formule les exigences
diverses et souvent opposées que l'art de bâtir les villes
doit chercher à concilier, étudions l'acte de la vue en lui-
même. C'est au moyen de ce sens que nous percevons les
notions d'espace, bases de tous les effets architectoniques.
Placé en face d'un spectacle quelconque, l'œil est le sommet d'une sorte de pyramide des rayons visuels, et les objets
qu'il considère sont placés en cercle autour de lui ou, du
moins, forment par rapport à lui une ligne à peu près
concave. C'est à ce principe de perspective que sont dues
les créations achevées des maîtres des XVII⁰ et XVIII⁰ siècles. Elles atteignent les plus grands effets, car leur forme
générale permet d'embrasser d'un seul coup d'œil le plus
grand nombre possible d'objets de l'espace.

Le système moderne des pâtés de maisons tend à un
résultat précisément contraire. Nous avons déjà constaté
(chap. IX) qu'aux yeux du spéculateur, le parcellement
idéal est celui qui donne la ligne de façades la plus longue
pour une surface de terrain donnée. La bonne mise en
valeur du sol demande donc que les parcelles aient une
ligne de contour entièrement convexe, tandis que l'œil est
mieux satisfait par une disposition des objets de l'espace
(maison, etc.) selon une ligne concave. En un mot, l'art
exige la concavité et l'intérêt la convexité des images.

C'est là une contradiction qui ne pourrait être plus mar-
quée. Un bon plan de ville ne doit contenter aucune de
ces deux exigences opposées à l'exclusion de l'autre. Son
auteur devra bien plutôt utiliser habilement les circonstances données de manière à satisfaire les besoins écono-
miques, tout en s'efforçant de faire œuvre d'art.

L'un des moyens généralement employés pour atteindre

ce but a déjà été indiqué. Il consiste à permettre à l'artiste de dessiner les rues et les places principales et à abandonner les quartiers secondaires aux méthodes de la meilleure mise en valeur des terrains. Il est cependant possible de prouver qu'un système de parcellement régulier n'est pas nécessairement vierge de toute pensée artistique. Voici un exemple d'église située d'après les modèles du XVIIIe siècle (fig. 112). L'église *a* est adossée à d'autres bâtiments ; la place qu'elle do-

Fig. 112.

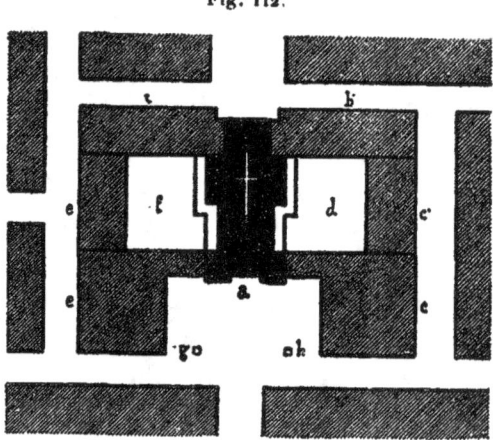

mine est fermée de trois côtés et présente deux emplacements appropriés à des monuments et à des fontaines. En face de l'église débouche une rue de largeur moyenne. Les constructions voisines sont les suivantes : *b*, le presbytère, communiquant directement avec la sacristie ; *c*, une école de garçons, d'où les enfants peuvent, en cas de mauvais temps, aller aux offices sans sortir de la maison ; *d*, la grande cour, séparée de l'église par un mur élevé, servirait aux leçons de gymnastique ; *e*, une école de filles avec jardin d'enfants *f;* sur les parcelles *c'*, *e'* et *i* pourraient s'élever des maisons locatives ou d'autres écoles. Les cours aux murs garnis de lierre, plantées d'arbres et de buissons seraient des lieux de récréation pleins de charme. La place, ou l'avenue pas trop longue qui débouche derrière l'église, pourrait être égayée de verdure. Cet exemple, choisi à dessein parmi les plus sim-

ples, conviendrait à un chef-lieu de moyenne importance.
La beauté de la place principale, paisible et bien enclose,
l'économie considérable réalisée par l'adossement de l'église
à d'autres bâtiments et la possibilité de passer directement de l'école et du presbytère dans le sanctuaire, sont
les principaux avantages de ce plan. Il pourrait être varié
dans chaque cas particulier ; en réunissant toujours en un
point les édifices dont la petite commune dispose : église,
presbytère, école, peut-être encore une fontaine ou un petit
monument, en les entourant de plantations et en les disposant selon un plan bien conçu, on formerait un ensemble produisant un certain effet.

Les grandes communes urbaines possèdent toujours un
Hôtel de Ville dominant la place du marché ; dans son voisinage s'élèvent aussi avec le temps d'autres bâtiments d'administration (Bourse, Caisse d'épargne, Mont-de-Piété,
Musée communal, Halle de marché, Entrepôts, etc.). A tout
cet ensemble de constructions, un plan de parcellement ordinaire réserve un espace à peu près carré et suffisamment
vaste. En déterminant ainsi d'emblée la forme du terrain
où l'architecte futur devra bâtir, on diminue de beaucoup
la liberté de sa conception. En effet, il sera forcé de ménager plusieurs cours à l'intérieur du bâtiment projeté, dont
l'aspect général sera fatalement semblable à celui d'un cube,
toutes ses dimensions étant à peu près égales. Les différentes façades de l'édifice ne pourront jamais être embrassées d'un coup d'œil, et l'impression qu'elles produiront
ne sera pas aussi grande que le permettaient les ressources disponibles. Si l'architecte de l'Hôtel de Ville avait pu
du même coup en aménager les abords à sa fantaisie, il
aurait traité son projet avec plus d'ampleur. Il aurait prévu
différents bâtiments grands et petits, selon les besoins du
moment, groupés de façon à former une image concave,

et remplacé les cours intérieures désolées par des places publiques caractéristiques. Les combinaisons possibles varieront naturellement selon les circonstances, et plus la liberté de l'architecte sera grande, plus il aura chance de pouvoir grouper d'une façon pittoresque ses différents bâtiments. Nous avons dessiné le plan ci-dessous (fig. 113) sans nous écarter trop du système de parcellement régulier. Le bâtiment principal A, pourvu d'une rampe d'accès commode, forme le fond d'une place à trois côtés, ornée de mâts, de réver-

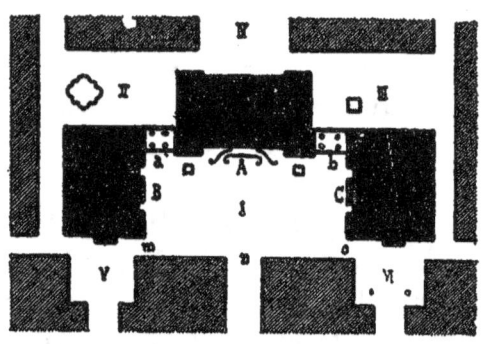

Fig. 113.

bères et de monuments. B et C sont des bâtiments secondaires qui communiquent avec le bâtiment principal par des galeries a et b, surmontant des portiques. Cette place de style uniforme met bien en valeur les façades qui la dominent. En effet, de la grande place on voit trois façades à la fois. Les façades postérieures dominent les petites places II et III et les places IV, V et VI ont aussi vue sur une partie de l'édifice. Aux cours intérieures que personne ne voit, sont substituées des places qui ont chacune leur caractère particulier. La plus grande pourrait être entièrement entourée d'arcades faisant suite aux colonnades a et b. Celles-ci produiraient un grand effet, car elles se développent sans interruption et pourraient être embrassées d'un seul coup d'œil. En outre elles ont le but pratique de faciliter les communications entre II et VI et entre III et V. Les places II et III pourraient l'une,

grâce à une fontaine, l'autre, grâce à un grand monument, chacun différemment situé, avoir leur physiono-
mie propre. Les petites places V et VI occupant l'une et
l'autre deux angles écartés de la circulation, seraient excel-
lemment appropriées à recevoir des cafés ou des restau-
rants avec terrasse ou des monuments élevés (colonnes
rostrales, etc.).

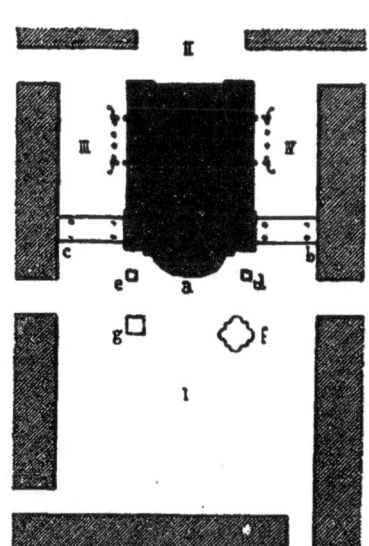

Fig. 114.

Un arrangement sembla-
ble conviendrait tout particulièrement aux divers corps
de bâtiments d'une grande
université, d'une académie
ou d'une école technique.
D'un côté seraient situés les
laboratoires et les collections
diverses, de l'autre l'institut
anatomique et la faculté de
médecine ; entre deux le bâtiment principal. Si l'architecte jouit d'une certaine liberté, sa tâche est bien plus
agréable que s'il doit faire
entrer tous les locaux demandés dans un bloc dépourvu
de saillies.

Examinons encore la situation des théâtres. Vu le danger d'incendie, ces édifices sont généralement isolés. Cependant, à l'aide de colonnades, on pourrait aussi se servir
d'un théâtre pour former une place fermée de tous côtés ;
les arcades surmontées d'un ou deux étages de galeries,
serviraient, le cas échéant, d'issues de secours. Construites
en matériaux à l'épreuve du feu, elles ne feraient cou-
rir aucun danger aux bâtiments environnants. Au contraire, leur galerie supérieure couverte en dalles de pierre

serait le meilleur lieu d'opération imaginable pour les pompiers. C'est en adaptant ainsi les principes des anciens aux besoins modernes, que nous avons obtenu le plan-type représenté par la figure 114.

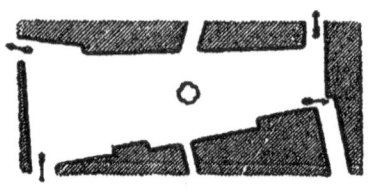

Fig. 115.

VIENNE. Nouveau Marché.

La saillie arrondie de la salle de spectacle exige le retrait du bâtiment au fond de la place I. Il en résulte le retrait des arcades *b* et *c* et la situation des réverbères *d* et *e*, du monument *g* et de la fontaine *f*. La façade postérieure du théâtre termine d'une façon monumentale la place II, et les larges rues III et IV, d'où montent les rampes d'accès, offriraient aux stations de voitures un emplacement moins en vue que la place principale.

Tous ces types de places sont simples et appropriés à un parcellement régulier. Ils prouvent qu'on peut, aujourd'hui encore, faire une œuvre belle sans trop de peine ni de frais.

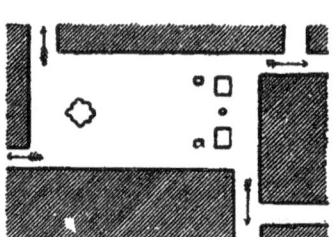

Fig. 116.

Il suffit, au fond, de réserver aux constructions à venir des espaces de terrain suffisants et de mettre dans le dessin des rues un peu plus d'art que n'en comporte le système rectangulaire. Et cela non plus ne serait pas bien difficile à prévoir ; il faudrait simplement suivre la règle antique d'après laquelle les rues ne doivent pas se croiser au coin des places (fig. 115), mais au contraire y prendre des directions opposées. Le type de la figure 116 est excellent quant au débouchement des rues et à la situation des monuments et des fontaines. Il n'y aurait cependant pas de faute plus grossière que de mettre un même système en pratique dans tout un quartier. C'est précisément la répétition à l'infini d'un seul procédé de construction qu'il faut éviter en principe, car un même réseau de voies quel qu'il soit, reproduit mécaniquement, cause une impression fastidieuse. Il faut au contraire, apporter autant de variété que possible dans le dessin des rues. Même le laisser-aller des quartiers de villas devient lassant s'il se manifeste sur un trop grand espace.

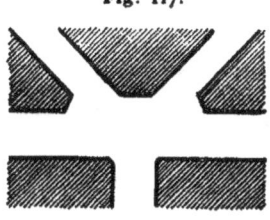

Fig. 117.

Dans un seul cas il sera indispensable de répartir la circulation, à savoir aux endroits où plusieurs rues se réunissent en un rond-point. Ces places (fig. 117) sont aussi incommodes pour la circulation que peu agréables au coup d'œil. Ce produit de l'art moderne de bâtir les villes devrait être exterminé partout où il apparaît, comme conséquence accessoire du parcellement. Il est souvent bien simple de faire disparaître un carrefour semblable. Il suffit de substituer à la place irrégulière un bloc de maisons de même dimension (fig. 118). On obéit ainsi à la sage coutume des anciens de cacher toutes les irrégularités choquantes des places dans les terrains bâtis et de les faire passer de ceux-ci dans les murs, ce qui équivaut à les faire disparaître entièrement.

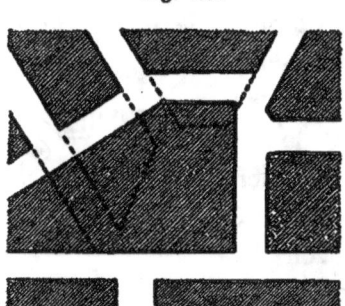

Fig. 118.

Pour résoudre un cas semblable, il faut se laisser guider chaque fois par les circonstances. Si par le point donné passent une ou deux voies principales de communication, on doit les conserver et ne faire disparaître que les débouchés de rues accessoires. De plus, en détournant, en obliquant, en brisant ou en courbant la ligne des rues, on peut éviter ces endroits critiques. Ce sera la cause désirée d'irrégularités dans le tracé des voies, irrégularités qui devraient

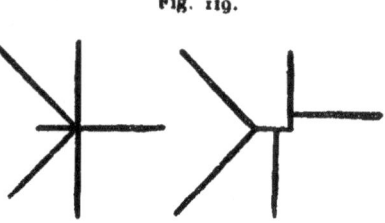

Fig. 119.

être maintenues à tout prix, afin de combattre la banale symétrie née sur la planche à dessin, et qui envahit tout. Dans certains cas, un de ces ronds-points pourra être transformé en jardin public entouré de tous côtés de maisons. La fig. 119 représente le schéma et la fig. 120 le plan d'un carrefour moderne dans lequel on a évité de faire concourir toutes les artères en un même point.

Nous arrivons à la fin de notre étude. Elle aura prouvé suffisamment qu'il n'est pas du tout nécessaire de projeter les plans de villes modernes de la façon machinale usitée de nos jours, ni de renoncer à toutes les splendeurs de l'art et de renier toutes les expériences du passé. L'intensité de la circula-

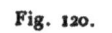

Fig. 120.

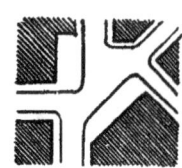

tion moderne pas plus que les exigences de l'hygiène ne nous y contraignent. C'est simplement l'absence de réflexion, la nonchalance et le manque de bonne volonté qui nous condamnent, nous, habitants des villes modernes, à vivre dans des quartiers mal formés où notre idéal s'avilit à la vue de pâtés de maisons à loyer et de perspectives de rues éternellement semblables. Sans doute, par la douce puissance de l'habitude, nos sens s'émoussent peu à peu. Cependant qui de nous en revenant de Florence ou de Venise, n'a été douloureusement impressionné à la vue de son lieu natal si banalement modernisé ? C'est pourquoi les heureux habitants de ces cités si belles n'éprouvent que rarement le besoin de les quitter, tandis que nous fuyons chaque année pendant quelques semaines au moins vers la campagne, afin de pouvoir reprendre à nouveau notre existence de citadins.

XII

PLAN DE VILLE MODERNE DESSINÉ SELON DES PRINCIPES ARTISTIQUES

USQU'ICI nous n'avons étudié l'art de construire les villes que dans ses éléments ; nous avons indiqué sur quels points il serait nécessaire d'apporter des améliorations aux systèmes en usage. Il nous reste à montrer l'application des principes que nous avons déduits à un exemple d'une certaine étendue.

PROJET DE TRANSFORMATION D'UN QUARTIER DE LA VILLE DE VIENNE, étudié par C. SITTE, architecte, directeur de l'Ecole impériale et royale des arts industriels, à Vienne.

Dans un temps relativement court s'élevèrent à Vienne plusieurs édifices monumentaux remarquables, mais dont l'effet est atténué par l'ordonnance défectueuse des places et des rues qui les entourent. L'espace laissé libre autour de ces constructions est heureusement si étendu que l'on pourrait sans difficulté remédier encore aux inconvénients du plan primitif.

L'Eglise votive (fig. 121), à Vienne, s'élève sur un de ces carrefours triangulaires tels qu'on en rencontre fréquemment dans les villes modernes. Cette place ne forme pas un tout distinct, mais elle se fond, pour ainsi dire, dans les rues voisines. Elle ne donne pas l'impression d'un ensemble bien encadré ; car, au lieu de se combiner en un accord harmonique, les différents bâtiments qui l'entourent, l'Université, l'Eglise votive, le Laboratoire de chimie, jouent chacun de leur côté une mélodie différente. En outre, les coupoles des maisons de la Walpurgisstrasse contrastent d'une façon trop choquante avec l'architecture noble et délicate de l'église. Ces motifs disparates ne peuvent donc former un tout artistique. Chaque édifice a voulu jouer son rôle, et même les comparses ont cherché à se rendre plus importants que les protagonistes. Il aurait fallu au bon moment la main énergique d'un régisseur pour remettre chacun des acteurs à sa place. Si l'on ne peut aujourd'hui supprimer le mal, on peut tout au moins y porter remède. L'un des défauts de cette place est son étendue exagérée. L'effet de l'Eglise votive (de style gothique) en est considérablement amoindri. Transportée dans un cadre plus étroit, elle ferait une impression bien plus grandiose. Nous avons déjà fait la remarque qu'une église gothique ne devrait jamais être complètement isolée, car elle ne supporte pas d'être vue de côté à une grande distance. Comment donc mettre l'Eglise votive dans la situation qui lui convient ?

Sa façade principale flanquée de hautes tours réclame une place profonde ; sa façade latérale exige une place à part, séparée de la première, afin que l'on ne puisse voir

Fig. 121.

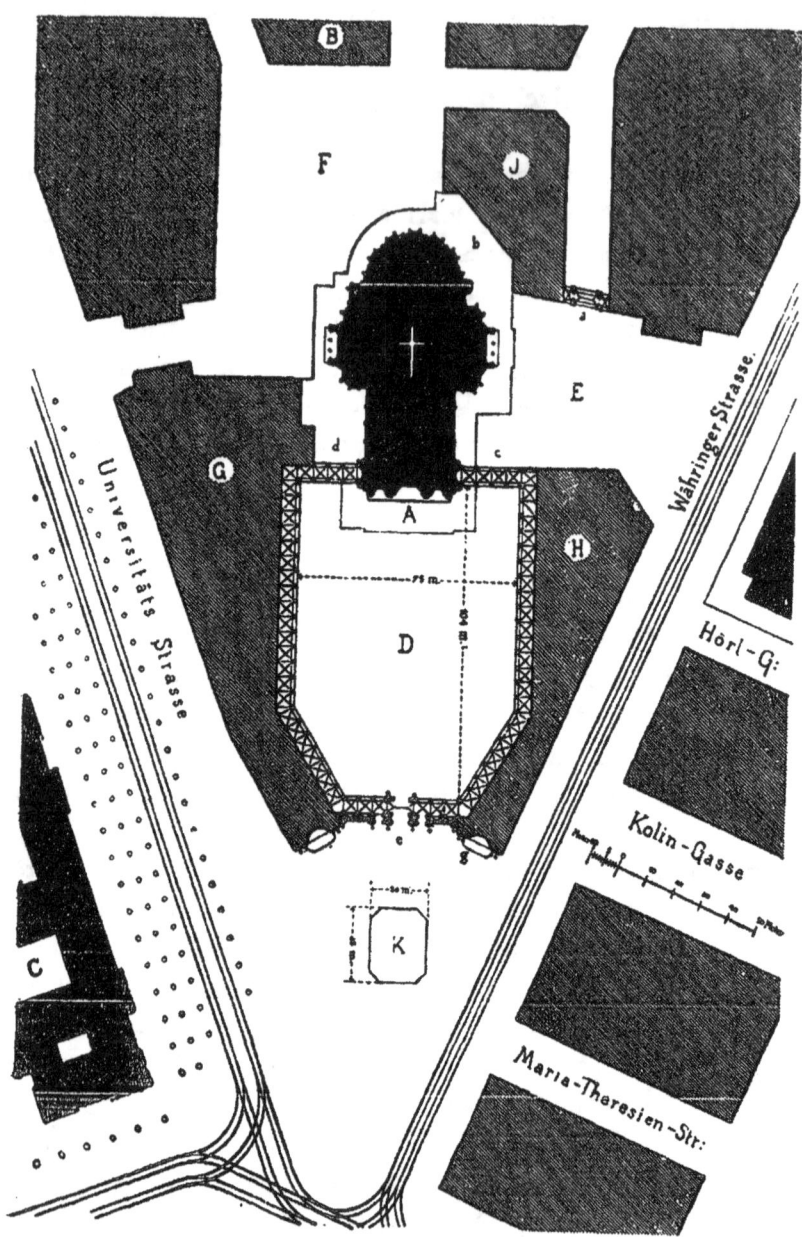

VIENNE. Place de l'Église votive.

d'un seul cou? d'œil l'élancement des tours et la chute du
chœur qui ne constituent pas une symétrie. L'abside et
sa couronne de chapelles ont tout avantage à être vus de
biais, car en perspective, les arcs-boutants et les pinacles
qui s'enchevêtrent forment un tableau très pittoresque.
Toutes ces conditions peuvent, aujourd'hui encore, être
remplies sans occasionner de grands bouleversements, si
l'on couvre de bâtiments une partie de la place jusqu'ici
trop vaste.

Devant l'Eglise votive (fig. 121), disposons un atrium D
qui mette en valeur sa façade principale. Les constructions
s'élevant sur les parcelles G et H auront une hauteur suffisante pour isoler cet édifice de son voisinage défavorable.
La place aura alors 104 mètres sur 75, dimensions encore
trop considérables, mais imposées par le profil des rues
existantes. Les arcades qui en font le tour seront de
même style que l'église, élancées et à un seul étage. Les
entrées c, d, e et les angles de la place pourront former
un ensemble d'un caractère très monumental. Sur les
côtés, des monuments, des fresques, viendraient peu à
peu enrichir cette cour et en feraient bientôt un nouveau
Campo Santo. Une ou deux fontaines n'y seraient point
non plus déplacées, car celles-ci ont de tout temps orné
les atriums. Le sol pourrait être égayé de plantations bien
ordonnées, en ayant soin de ménager un espace libre
devant l'église ainsi qu'une large avenue allant de e
en A. Comme lieu de récréation, à l'abri de la poussière
et du bruit, cet atrium serait bien supérieur au jardin
actuel, plus étendu, mal organisé et sans but. Les emplacements f et g à côté de l'entrée e, semblent destinés à
recevoir des fontaines adossées à la muraille. Devant
l'entrée de l'atrium, il resterait encore un espace suffisant
pour élever une deuxième église votive. A cet endroit, un

monument de grandes dimensions aurait dans les constructions *f*, *e*, *g* un arrière-plan très favorable.

Il ne serait pas plus difficile de créer, derrière l'église et
le long de ses bas côtés, les autres places dont nous avons
reconnu la nécessité. Le bâtiment J limite la place latérale
E requise. La porte *a* ferme l'un des côtés de la place et
fait pendant à l'entrée *c*, sans qu'il y ait cependant là
recherche exagérée de symétrie. En *b*, le passage devrait
être aussi étroit que possible et réservé aux seuls piétons
afin de former un contraste avec les autres places plus
largement ouvertes. Pour la même raison, les bâtiments
à construire en *d* seraient très rapprochés de l'église, afin
que ses façades latérales produisent chacune un effet différent, paraissant l'une isolée, l'autre étroitement entourée.
De même, les entrées en *c* et *d* ne seraient pas exactement semblables, l'une ayant trois, l'autre quatre ouver-
tures. Aucune objection d'ordre artistique ne pourrait
s'élever contre le transfert du presbytère de B en J afin
d'obtenir une communication entre ce bâtiment et l'église.
La place F remplirait finalement la dernière condition
requise, soit de mettre en valeur la façade du chœur.

L'esplanade de l'Hôtel de Ville à Vienne (fig. 122) est
également trop ouverte. L'édifice qui lui donne son nom
semble à beaucoup de gens plus petit qu'il n'est en réalité,
car il se perd dans l'immensité de l'espace qui l'entoure.
Pour bien faire, on aurait dû l'élever sur une place en
longueur, d'étendue moyenne, et entourée d'édifices de
même style. La situation du Burgtheater est encore plus
défavorable. Et pourtant combien il aurait été facile d'utiliser chacune de ses façades pour caractériser des places
originales. En K, l'on ne peut rien changer à l'état actuel.
De même la façade postérieure du Théâtre, qui aurait pu
fermer l'un des côtés d'une place bien conçue, ne peut plus

maintenant servir à ce but. Ce n'est plus qu'en J qu'il est encore possible de mieux utiliser les circonstances données, car cet espace est resté inoccupé. On pourrait du même coup relier davantage avec ses alentours le théâtre, qui ne semblerait plus un bloc erratique isolé. C'est surtout sa façade principale qui jusqu'ici a été le plus mal traitée. La forme de l'édifice réclame un tout autre entourage. Avant tout, le trottoir entre *n* et *o* devrait avoir une courbure inverse de celle de la rotonde. Il serait aussi nécessaire d'éloigner la voie du tramway qui passe au ras du théâtre avec une indiscrétion choquante. Mieux vaudrait la transporter devant l'Hôtel de Ville dont la façade plus étendue ne souffrirait pas autant de ce voisinage.

Voyons s'il est possible de mettre ces idées à exécution : Soit en G la place de l'Hôtel de Ville avec sa ceinture d'arcades semblables à celles de l'édifice lui-même. Les tourelles de la maison communale se retrouvent aux angles *c, d, e, f,* sous des dimensions plus petites, afin de rehausser l'effet de l'édifice. Pour la même raison les bâtiments E et F ne devront pas atteindre la hauteur maximum des maisons viennoises ordinaires. En H, une ouverture faite dans l'enceinte de la place permet de voir de loin le beffroi. Les arcs de triomphe en *a* et *b* pourront être couronnés de monuments rappelant ceux des Scaliger à Vérone. Grâce à ces transformations, l'on créerait une place intéressante et l'on diminuerait aussi le conflit causé par le rapprochement d'édifices de styles différents.

La place J, à côté du théâtre, se forme en élevant en B une maison de directeur ou tout autre bâtiment analogue, qui serait relié au théâtre par une colonnade *l m,* surmontée d'un passage.

A gauche et à droite de l'Hôtel de Ville (fig. 123), s'élèvent le Palais du Parlement et l'Université, dont les fa-

Fig. 122.

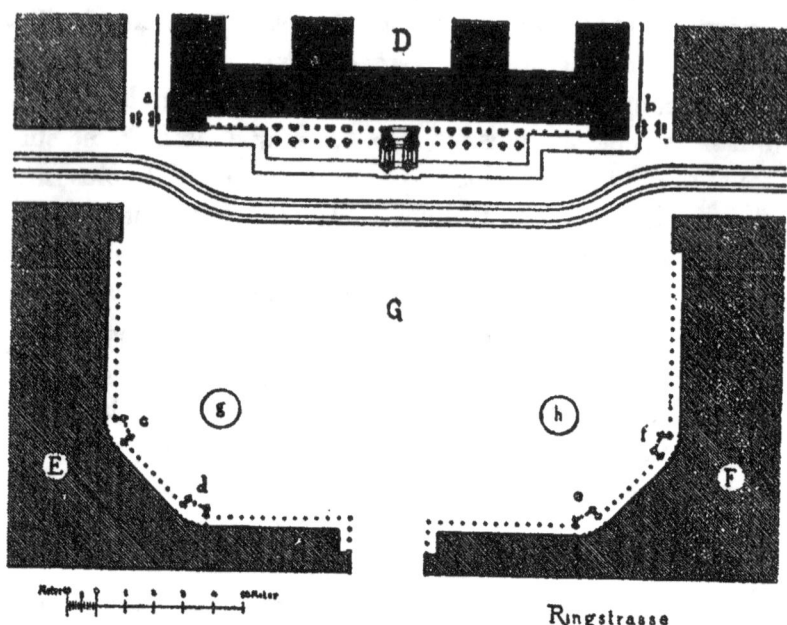

Ringstrasse

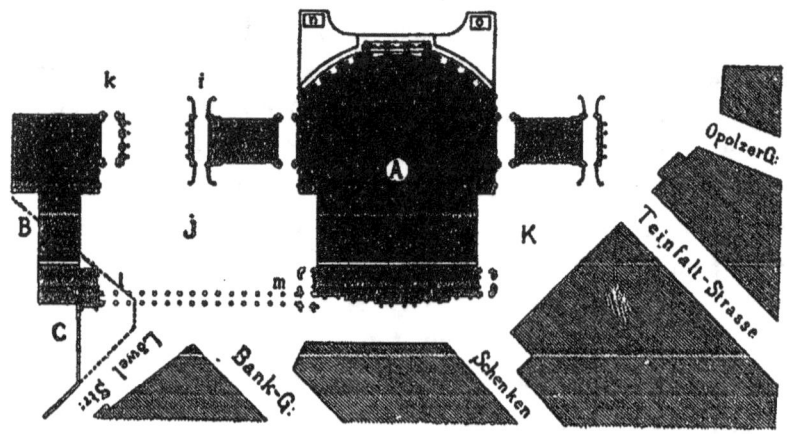

VIENNE. Place de l'Hôtel de Ville et Place du Théâtre.

Fig. 123.

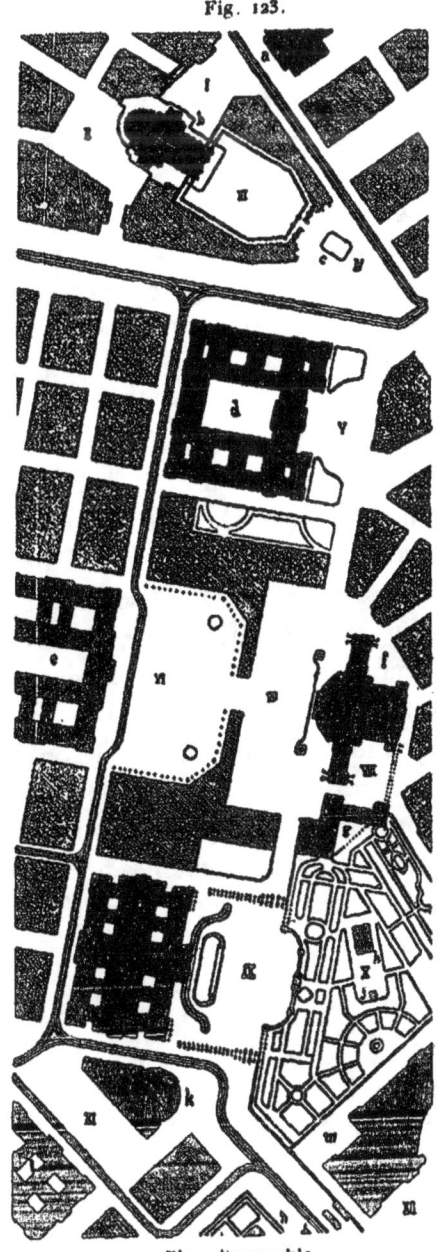

Plan d'ensemble.

çades principales bordent toutes deux le Ring. Les abords de ces bâtiments ont été de même mal aménagés. Devant l'Université *d*, l'on aurait voulu voir une place paisible, convenant à la dignité et à l'importance de l'édifice. Grâce au Ring qui passe tumultueux sous ses fenêtres, cela est maintenant impossible. Le Palais du Parlement est conçu en vue de produire un effet perspectif puissant. Il réclame une esplanade (IX) qui permette de le contempler avec un recul suffisant. On obtiendrait ce résultat en fermant la place par des colonnades à un étage, couronnées d'une attique, ornées de reliefs et de statues et percées de portes monumentales surmontées de quadriges. Ainsi la rampe d'accès du Palais se développerait avec ampleur et de nombreux monuments pourraient prendre place autour de ce vestibule du Parlement. L'entaille arrondie faite dans le parc semble en particulier destinée à recevoir un monument grandiose s'étendant surtout dans le sens de la largeur.

La place du Palais de Justice (XI), à Vienne, est de nouveau une place triangulaire qu'on ne peut décidément pas améliorer. Il faudrait donc la supprimer en y élevant un bâtiment avec rotonde d'angle de dimensions imposantes. Même s'il ne pouvait servir de maison à loyer, il serait facile de lui trouver un autre but.

L'exécution de ces projets (fig. 123) n'entraverait pas la circulation, mais lui attribuerait seulement un autre cours, afin de donner aux édifices monumentaux le cadre dont ils sont dignes. En résumé, ces transformations présenteraient les avantages suivants : suppression des conflits de style ; augmentation de l'effet produit par chaque édifice ; création d'un groupe de places caractéristique, où pourraient s'élever de nombreux monuments.

Il ne serait donc pas impossible, en suivant les leçons de l'histoire, de donner au centre d'une grande ville une forme artistique. Ce problème admet sans doute d'autres solutions. Mais celles-ci devront découler des mêmes principes si elles veulent aboutir à la création d'une véritable œuvre d'art.

—

DE L'EMPLOI DE LA VÉGÉTATION DANS
LES VILLES MODERNES

ES allées et les jardins publics jouent un rôle important dans la décoration des villes modernes et contribuent pour une bonne part au maintien de la santé publique. De vastes espaces non bâtis, occupés par des parcs ornés de pièces d'eau, sont de véritables réservoirs d'air pour les grandes agglomérations urbaines. L'idée, très répandue autrefois, que les arbres et les plantes, en absorbant l'acide carbonique de l'air et en dégageant de l'oxygène, servent au renouvellement de l'atmosphère, n'a pas été confirmée par les recherches scientifiques modernes. En tout cas le rôle que pourrait jouer la végétation dans ce sens est minime, en comparaison du renouvellement naturel de l'air dû à l'expansion des gaz. C'est donc plutôt pour plaire à nos yeux que nous cherchons à planter en tous lieux des arbres. Le charme des beautés naturelles au milieu d'une grande ville et les contrastes parfois excellents que for-

ment des plantations et des architectures, sont indiscuta-
bles. Mais ces ressources sont-elles toujours employées au
bon endroit ?

A n'écouter que les hygiénistes, la réponse à cette question paraît très simple. Plus il y a de verdure, mieux ça
vaut, ainsi tout est dit. Il n'en est pas de même au point
de vue artistique, car il s'agit alors bien plus de savoir
comment et où le secours de la végétation sera requis.
C'est dans les quartiers de villas que son emploi est le
plus fréquent et le plus heureux ; ainsi dans la ceinture de
villas à juste titre célèbre de Francfort-sur-le-Mein ; autour des cottages de Wœhring près Vienne ; aux abords
de la vieille ville à Dresde et dans les quartiers de villas
des villes d'eaux, Wiesbaden, Nice, etc.

Mais plus ces motifs champêtres se rapprochent du centre des villes et spécialement d'édifices monumentaux, plus
il est difficile de les utiliser avec succès. De même que la
peinture naturaliste moderne ne peut convenir à des œuvres monumentales, comme des arrière-plans de représentations mythologiques, des monuments ou des églises,
parce qu'un conflit de style se manifeste nécessairement
entre le réalisme du procédé et l'idéalisme du sujet ; de
même les parcs anglais, qui s'avancent jusqu'aux places
correctement alignées d'une ville, contrastent par leur
naturel avec les édifices obéissant à des règles de style.

C'est le sentiment de ce conflit et l'intention de le supprimer qui déterminèrent la création du parc français avec
ses arbres taillés. Mais la nature ne fut soumise par nos
pères à des règles d'architecture qu'autour des châteaux ;
les grandes places importantes de l'Antiquité, du Moyen
Age et de la Renaissance sont exclusivement des centres
d'art, surtout d'architecture et de sculpture. Combien des
plantations sont déplacées en ces endroits, chacun peut le

reconnaître en voyant les allées d'arbres malingres et rabou-
gris de plus d'un boulevard. Toutes les photographies
d'édifices remarquables qui s'y élèvent sont prises en
hiver afin que leur architecture apparaisse tant soit peu à
travers les branches dépourvues de feuilles. Souvent l'on
préfère à la photographie un dessin d'où l'on peut faire
disparaître complètement les arbustes si gênants. Ne
devrait-on pas les supprimer aussi en réalité? A quoi sert
une place créée pour mieux laisser voir un bâtiment important si elle est encombrée d'arbres? On peut donc poser
en principe que la végétation ne doit pas cacher les édifices. Ce n'est d'ailleurs que répéter une des règles de l'architecture des jardins au XVIIIᵉ siècle.

Il est impossible d'obéir aveuglément à ce principe, car
l'on anéantirait ainsi presque toutes les plantations faites
dans les villes modernes. Pour les arbres comme pour les
monuments, nous n'avons pas de places; la faute en est
dans les deux cas au système moderne de construction des
villes.

Autrefois l'arbre isolé servait bien plus qu'aujourd'hui
à la décoration des villes. Il suffit de rappeler le palmier
du Latran à Rome, le platane des Janissaires à Constantinople et même l'olivier de Minerve de l'Acropole. Et
combien de chapelles et d'églises ont leur vieux châtai-
gnier ou leur tilleul à l'ombre duquel coule la fontaine du
village. C'est le charme de ces arbres que l'école géométrique des constructeurs de villes ne reconnaît pas. Au lieu
de les ménager, elle les arrache sans remords. Surtout elle
ne cherche pas à en planter de nouveaux, et c'est peut-être
fort heureux, car ces virtuoses du compas ne sauraient les
mettre ailleurs qu'au centre des places. On connaît déjà
des preuves de leur bon goût; les fameux refuges qui
embellissent nos esplanades, reçoivent souvent, outre leur

réverbère, un arbre solitaire immanquablement destiné à périr. L'arbre, comme les fontaines et les· monuments, devrait au contraire être situé aux bords des places, aux points morts de la circulation ; là, il est à l'abri de la poussière et l'on peut profiter de son ombre. Il faut néanmoins toujours prendre soin de ne pas masquer par des plantations des architectures de valeur. En un mot il faut dans chaque cas procéder avec circonspection et ne pas se laisser guider par des formules d'une usage sans doute bien facile, mais de valeur artistique nulle.

L'avenue a un but opposé à celui de l'arbre isolé. Elle a dû sa naissance à l'amour des artistes du XVIIIᵉ siècle pour les grands effets de perspective convergeant vers les châteaux. Les constructeurs de routes ont, après eux, adopté ce motif. Dans les deux cas l'allée était plantée de peupliers qui ne sont plus jamais aujourd'hui employés dans nos grandes villes. Toute avenue est ennuyeuse, mais on ne peut entièrement s'en passer. Elle est nécessaire pour interrompre l'uniformité des océans de maisons. Mais elle pourrait être disposée avec plus d'habileté que n'en ont montré les géomètres modernes. Ils ont dessiné des avenues et des boulevards de largeur disproportionnée, bordés de chaque côté d'une rangée d'arbres ininterrompue. C'est le contraire de ce qu'il fallait faire, car l'effet ainsi produit est minime en regard des dépenses considérables qu'il nécessite. Un boulevard de grande ville a en moyenne 4200 mètres de longueur. Si l'on y plante une double rangée d'arbres distants chacun de 7 m. l'un de l'autre, on obtient un total de 2400 arbres, soit une véritable forêt, s'ils n'étaient pas tous disséminés sur un si grand espace. Avec ces ressources l'on pourrait créer deux ou trois parcs bien plus agréables et utiles au public que ces lignées d'arbres perdus dans la poussière et le bruit des rues agitées. D'ailleurs la création et l'entretien de ces allées sont fort dispendieux. Les arbres, toujours malades (surtout du côté de la rue qui est rarement exposé au soleil) souffrent de la poussière, de la gelée et du voisinage des canalisations d'eau et de gaz ; en automne ils sont les premiers à perdre leurs feuilles. Combien il serait préférable de ne les planter que d'un seul côté de la rue, et de ménager au même endroit de petits jardins devant les maisons. On pourrait relier les arbres entre eux par des touffes de buissons ; cet ensemble de verdure produirait un meilleur effet et serait plus capable de prospérer. La partie opposée de la rue ainsi rendue libre serait abandonnée aux voies de tramways. Sans doute il ne faudrait pas user de ce procédé à outrance, mais en variant la disposition des arbres on enlèverait aux rues modernes leur cachet d'uniformité monotone.

Les jardins publics n'ont généralement pas été mieux aménagés que les allées. Ils nécessitent aussi des dépenses considérables sans atteindre leur but. La faute en est de nouveau au système de parcellement géométrique. Lorsqu'un quartier a été dessiné selon le modèle du damier et que l'on désire y introduire des jardins publics, on laisse une ou plusieurs cases non bâties pour les abandonner au jardinier officiel. L'on croit ainsi posséder un jardin, quand même cet espace de verdure est entouré de tous côtés de rues et que la poussière, le vent et le bruit en font bien autre chose qu'un lieu de repos, surtout si ses dimensions sont restreintes. Les anciens jardins privés livrés au public sont tout autrement disposés. S'ils ne sont pas entourés de tous côtés de maisons, de hautes murailles les séparent du moins complètement de la rue et l'on y jouit d'une fraîcheur bienfaisante en été. C'est souvent un sujet d'étonnement pour bien des gens que de trouver dans les vieilles villes de petits jardins bien intimes cachés dans l'intérieur même des blocs de maisons. On ne présumait point leur existence avant d'entrer dans leur enceinte. Quelle différence entre ces petits parterres discrets et la plupart de nos promenades publiques ! Ceux-là sont bordés souvent d'autres jardins semblables et sont protégés de tous côtés contre le vent et la poussière par de hautes façades de maisons. Ce sont de véritables jardins d'agrément pour leur propriétaire et un bienfait pour tous les voisins, qui ont ainsi plus d'air et de lumière et qui jouissent d'une vue agréable sur la verdure. Les pièces postérieures d'une maison moderne donnant sur une cour étroite, sombre et souvent empestée sont des prisons d'un genre peu réjouissant. On est parfois même obligé, et pour cause, d'en tenir les fenêtres fermées. Les locataires les fuient, et la demande de maisons possédant plusieurs façades sur rues est ainsi augmentée au grand détriment de l'esthétique des villes. Il serait donc nécessaire que des règlements administratifs protègent les cours intérieures existantes bien disposées contre les attaques des spéculateurs et encouragent des créations nouvelles de même genre.

En résumé, les plantations dans les grandes villes peuvent être divisées en deux groupes très différents : les plantations sanitaires et les plantations décoratives.

Les plantations *sanitaires* n'appartiennent pas à la rue, mais à l'intérieur des blocs de maisons où elles sont à l'abri de la poussière et de la circulation. C'est seulement dans les quartiers de villas où la verdure est plus abondante qu'il sera judicieux de planter des arbres dans le voisinage immédiat des voies de communication.

Les plantations *décoratives* ainsi que les pièces d'eau, concourent à orner les rues et les places. Leur but est de plaire à l'œil. Elles doivent donc être employées à de tout autres endroits que les plantations sanitaires. C'est la tâche du constructeur de villes de distinguer ces deux genres de végétation et de ne s'en servir toujours qu'à la place qui leur convient. A cet égard il serait donc préférable de restreindre l'emploi de l'allée et de rendre son importance au groupe d'arbres et de buissons.

A Constantinople, on peut voir quels charmants tableaux offre la verdure mêlée à la masse des bâtiments. Partout l'on se croit en pleine nature, partout la végétation complète d'une façon parfaite l'aspect des places et des rues. Jamais, comme dans nos allées, elle ne cache les édifices monumentaux, jamais elle n'occasionne de dépenses d'installation et d'entretien. D'où cela provient-il ? Simplement du fait que les arbres ont gardé la place que leur avait assignée la nature. On a seulement enlevé ceux qui nuisaient à l'effet général. Rien donc d'artificiel dans ce spectacle vraiment féerique. C'est une impression semblable qu'ont dû produire Athènes et Rome antiques. Nos villes modernes ne pourraient-elles pas de même offrir de tels spectacles ?

Déjà la forme de l'allée fait douter de notre bon goût. Pourquoi les arbres qui, justement dans les villes, devraient être pour nous un souvenir de la grande nature, sont-ils alignés tous de même hauteur, à la même distance les uns des autres, sur une longueur infinie. C'est là le seul procédé de nos constructeurs de villes de géométrique observance. A Constantinople, on ne compte pas une seule allée, c'est un fait typique, par contre de nombreuses fontaines, chaque sultan en faisant construire au moins une ; c'est un exemple qu'il serait bon de suivre. En employant habilement l'eau et la verdure, nos villes pourraient être embellies mieux que par des allées et des plantations mesquines.

L'art d'aménager les jardins publics et les allées, comme celui de bâtir les villes, n'est point un travail mécanique de bureau. C'est en vérité une œuvre d'art, d'un art grand et populaire qui pourrait enfanter des chefs-d'œuvre s'il franchissait les étroites limites qu'il s'est tracées de nos jours.

TABLE DES MATIÈRES

	Page
Avant-propos	5
Préface	7
Introduction	9
I. Des rapports entre les édifices, les monuments et les places	19
II. Le centre des places est dégagé	29
III. La place est un espace fermé	41
IV. Formes et dimensions des places	49
V. De l'irrégularité des places anciennes	59
VI. Des groupes de places	67
VII. Des rues	75
VIII. Quelques exemples de places	87
IX. Des systèmes modernes	119
X. La vie moderne limite le développement de l'art de bâtir les villes	139
XI. Des réformes à introduire dans l'ordonnance des villes modernes	147
XII. Plan de ville moderne dessiné selon des principes artistiques	171
Appendice. De l'emploi de la végétation dans les villes modernes	181

TABLE DES ILLUSTRATIONS

———

Frontispice. Place Saint-Pierre, à Rome (d'après Piranesi).

Fig. 1. Forum de Pompéi (H. Bernoulli).

»   3. Signoria de Florence (H. B.).

»   5. Piazza Duomo, à Pise (H. Hindermann).

»   7. Piazza Vittorio-Emmanuele et Mercato Vecchio, à Pise (H. H.).

» 20. Tour de l'Horloge, à Bei .. (H. H.).

» 26. Piazza dei Signori, à Vérone (H. B.).

» 29. Piazza dei Signori, à Vicence (H. H.).

» 35. Piazza Erbe, à Vérone (H. H.).

» 46. Piazzetta, à Venise (H. H.).

» 53. Rue des Pierres, à Bruges (F. Puetzer).

» 55. Marché aux poulets, à Bruxelles (F. P.).

» 56. Rue Large, à Lubeck (H. B.).

» 62. Cathédrale de Strasbourg (H. B.).

» 80. Campidoglio, à Rome (H. B.).

» 82. Cour royale et Cour de marbre, à Versailles (H. H.).

» 90. Places Carrière et Stanislas, à Nancy (H. B.).

» 102. Rue de la Régence, à Bruxelles (F. P.).

En outre 106 plans de villes dressés au 4000°, sauf ceux où une échelle spéciale a été dessinée à côté de la figure.

INDEX DES NOMS DE VILLES

N.B. — Les chiffres indiquent les pages où les villes sont mentionnées.
L'astérisque indique qu'une figure est jointe au texte.

Altenbourg, 46.
Amalfi, 143.
Amiens, 90*, 92, 93.
Amsterdam, 47.
Anvers, 93*, 94.
Athènes, 16, 20, 142, 183.
Autun, 32*, 33.
Bamberg, 46, 94.
Beauvais, 89, 96.
Berlin, 56.
Berne, 39*, 40
Bolsweert, 142.
Bologne, 47.
Brême, 100*.
Brescia, 36, 37*, 42*, 47.
Brigue, 47.
Bruges, 46, 77, 78*, 79, 80*, 81*, 82*, 84, 88*, 89, 95, 96, 97*.
Brunswick, 47, 98*.
Bruxelles, 82*, 84, 96, 130*.
Catane, 110*.
Cassel, 126*, 127.

Chartres, 92*, 94.
Chicago, 137.
Coblence, 107.
Cologne, 47, 92, 99*.
Constance, 95.
Constantinople, 183, 187.
Crémone, 36.
Dantzig, 46.
Dresde, 107, 112, 114*, 116, 182.
Ferrare, 36.
Florence, 20, 21*, 26, 27, 32, 44*, 45, 46, 47, 49, 50*, 61, 64*, 70, 73, 106, 119.
Francfort s/M., 94*, 182.
Fribourg en B., 47, 88*, 89.
Genève, 78, 79*.
Gimignano S., 59, 61*.
Gœrlitz, 142.
Halle, 47.
Hambourg, 56.
Heilbronn, 142.
Leyde, 142.

Londres, 127*.
Lubeck, 47, 83*, 84, 99*.
Lucques, 36*, 68*.
Lyon, 124*, 131.
Mannheim, 123.
Mantoue, 44.
Marseille, 131*.
Mayence, 94.
Milan, 36
Modène 50*, 67, 68*.
Munich, 89, 119.
Munster, 47.
Nancy, 46, 112*, 113*.
Naples, 110.
Nice, 182.
Nimègue, 46.
Nuremberg, 32*, 92, 101*.
Paderborn, 47.
Padoue, 33*, 34*, 59, 60*.
Palerme, 35*, 59, 61*, 128.
Paris, 33, 46, 53, 56, 89*, 90, 93, 94,
    95*, 110ᵛ, 111*, 117*, 129* 130.
Parme, 43*, 44.
Pavie, 22, 36.
Pérouse, 32, 69*.
Pise, 20, 22*, 23*, 37*, 59.
Pistoie, 44*.
Pompéi, 9, 13*, 14, 15*, 46.

Ratisbonne, 95*, 119.]
Ravenne, 43*, 44.
Reggio, 36.
Rennes, 132.
Rome, 32, 35, 36, 46, 52, 102*, 103*,
    106, 108*, 109*, 110, 114, 116, 131,
    142, 183.
Rothenbourg, 32.
Rouen, 46, 90*, 92, 94, 96*, 98.
Salzbourg, 46, 100, 101*.
Sienne, 24*, 25*, 62, 65*.
Strasbourg, 90, 91*, 93, 94*, 95,
    96*, 98*.
Trieste, 53, 134*, 135*, 136.
Turin, 53, 128.
Udine, 47.
Venise, 53, 56, 70*, 71*, 115, 142.
Vérone, 34*, 35*, 45*, 46, 60, 62*,
    63*, 176.
Versailles, 104*, 105*, 107.
Vicence, 36*, 51*, 69*.
Vienne, 26, 56, 92, 115*, 116, 158,
    167*, 171, 172, 173*, 177*, 178*.
    182.
Wiesbaden, 116*, 117*, 182.
Würtzbourg, 107*.
Ypres, 47.

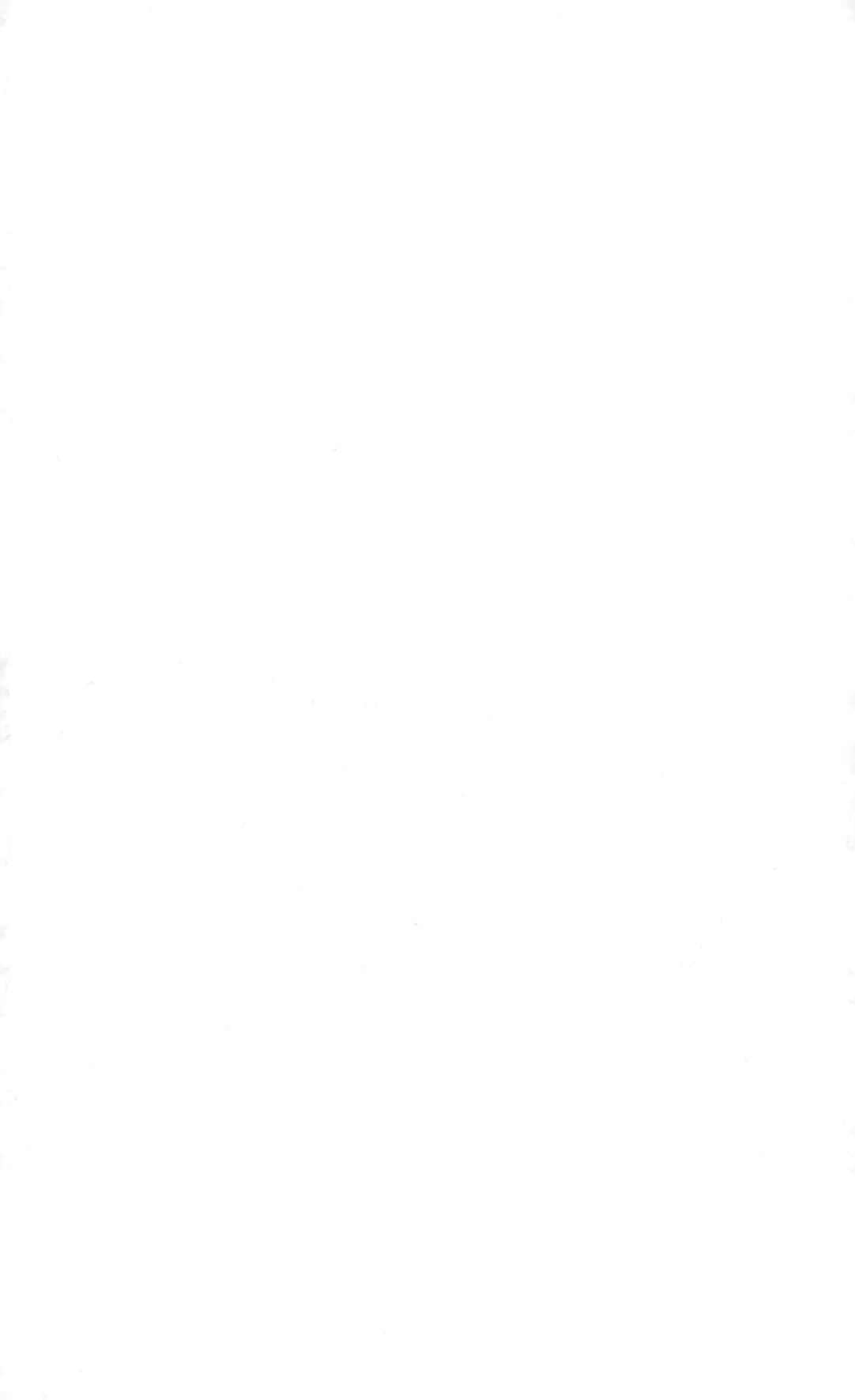

www.ingramcontent.com/pod-product-compliance
Lightning Source LLC
Chambersburg PA
CBHW071535220526
45469CB00003B/790